博士论文
出版项目

住房资产、财富效应与特大城市居民的获得感

Housing Assets and the Sense of Acquisition of Metropolis

杨城晨　　著

中国社会科学出版社

图书在版编目（CIP）数据

住房资产、财富效应与特大城市居民的获得感/杨城晨著.—北京：
中国社会科学出版社，2024.7

ISBN 978 - 7 - 5227 - 3550 - 4

Ⅰ.①住…　Ⅱ.①杨…　Ⅲ.①特大城市—住宅—影响—居民—
社会地位—研究—中国　Ⅳ.①D669.1

中国国家版本馆 CIP 数据核字（2024）第 091576 号

出　版　人	赵剑英
责任编辑	范晨星
责任校对	周　昊
责任印制	王　超

出　　　版	中国社会科学出版社
社　　　址	北京鼓楼西大街甲 158 号
邮　　　编	100720
网　　　址	http://www.csspw.cn
发　行　部	010 - 84083685
门　市　部	010 - 84029450
经　　　销	新华书店及其他书店

印　　　刷	北京君升印刷有限公司
装　　　订	廊坊市广阳区广增装订厂
版　　　次	2024 年 7 月第 1 版
印　　　次	2024 年 7 月第 1 次印刷

开　　　本	710×1000　1/16
印　　　张	12.5
字　　　数	174 千字
定　　　价	66.00 元

凡购买中国社会科学出版社图书,如有质量问题请与本社营销中心联系调换
电话:010 - 84083683

出 版 说 明

　　为进一步加大对哲学社会科学领域青年人才扶持力度，促进优秀青年学者更快更好成长，国家社科基金 2019 年起设立博士论文出版项目，重点资助学术基础扎实、具有创新意识和发展潜力的青年学者。每年评选一次。2021 年经组织申报、专家评审、社会公示，评选出第三批博士论文项目。按照"统一标识、统一封面、统一版式、统一标准"的总体要求，现予出版，以飨读者。

全国哲学社会科学工作办公室

2022 年

序

    社会学的研究要扎根中国社会的深厚土壤、关注社会变迁中的重大问题，而住房问题自古以来就是事关民生和发展的重大问题，关系到千家万户的立身之地、安居之所。然而在全球范围内，随着经济社会的发展，在住房走向产业化和金融化的过程中，其居住的基本属性逐渐弱化，金融或投资的派生属性不断加强，导致社会分层和不平等的后果也逐渐凸显。例如，法国著名经济学家托马斯·皮凯蒂在其著作《21世纪资本论》中深刻地指出，土地与住房所获得收益远远大于劳动收益，导致了资本主义财富不平等的加剧；韩国社会学家孙洛龟在《房地产阶级社会》一书中断言，韩国的社会不平等不是由职业和收入决定的，而是由房地产资源决定的。近年来，国内相关学者同样注意到了住房属性演变与社会不平等的重要关联，形成了一系列具有启发性和代表性的成果。杨城晨博士的这本著作正是关注到了特大城市当前存在的住房问题，对住房资产与居民的获得感之间的联系展开了深入细致的分析。

    本书是杨城晨在其博士学位论文《住房财富、财富效应与获得感——特大城市社会不平等的新面向》的基础上修改完善，并在国家社会科学基金优秀博士论文出版项目的培育支持下完成的。2014—2020年，杨城晨在我的指导下在上海大学攻读并取得了社会学硕士和博士学位。在学期间杨城晨博士展现出了扎实的学科素养、严谨的科研精神和浓厚的学术旨趣，在不断的阅读和参与课题研究的过程中逐渐发现了他在社会分层与流动，尤其是住房不平等领域的研究兴趣并能够在导师的指导下自主地、一以贯之地深入探索，形成的一些研究成果发表或转载于学界的高水平期刊，取得了较大的学术影响力。本书的研究便是杨城晨博士多年来在住房领域研究的总汇报和总展演，集中展现了其对特大城市住房分化与社会不平等的深入认识和深邃思考。

本书在财富分层的视角下研究了住房资产、财富效应对特大城市居民获得感的影响，构建起了"住房资产—财富效应—获得感"这一住房影响社会不平等的作用链条，较为系统地论证了中国特大城市住房分异成为社会不平等的原因和重要标志的作用机制，并以财富效应为切入点分析影响居民获得感的作用路径，超越了以往社会学界住房差异影响居民地位认同、幸福感、公平感这一简单的链条。著作的选题和视角比较新颖，在一定程度上丰富拓展了国内社会学界对于社会不平等以及社会心态等方面的研究，具有较大的理论和现实意义，能够为学界同行研究当前中国特大城市的社会分层提供一定的学理参考和借鉴。

博士学位论文或个人专著的出版，是一位青年学者学术道路和学术生涯的重要一步，往往具有里程碑意义和象征作用，对此我感到十分欣慰并向杨城晨博士表示祝贺。同时，我们要牢记学术研究如同逆水行舟，不进则退，我也借杨城晨博士研究成果出版作序推荐的契机，勉励其在工作岗位上站好三尺讲台，在学术道路上潜心科研、勇攀高峰，百尺竿头、更进一步，勿忘社会学经世致用的学科传统，在学术研究中真正做到以中国为观照、以时代为观照，立足中国实际，以不断探索和回答"中国之问、世界之问、人民之问、时代之问"为学术己任，为形成中国特色、中国风格和中国气派的社会学学科体系，增添属于他和他们这一代人的青春智慧和磅礴力量！

张海东

2022 年 8 月于上海大学

摘　　要

　　社会不平等是人类社会历史漫长发展进程中的一个重要议题。而在社会分层和不平等领域中，住房的重要性愈加凸显。如果你走在上海这样的特大城市的街头巷尾，无处不在的房产中介，以及人们闲暇之余所谈论的话题，都在提示着我们"房子"与人们的生活息息相关。伴随着40余年市场经济体制转型和住房市场化改革的进程，住房不平等作为社会不平等的重要表现形式，在中国社会尤其是特大城市中日趋明显，成为一个不可辩驳的社会事实。学界多数研究都指出，住房不平等充分体现了个人的社会经济地位和阶层位置，是社会分层的结果和反映社会不平等的重要指标，住房获取或住房资产的差异是影响城市居民地位认同、幸福感、公平感等社会心态的关键变量。但是综观众多研究，从机制性路径的视角论证住房获取或资产的差异如何影响居民上述主观心态的研究仍然较少。随着近年来住房金融化现象的不断加剧，住房自身所固有的财富属性迅速放大，住房尤其是住房资产的分化使得特大城市居民在家庭财产、消费支出、心理认同方面产生了诸多差异，产生了一系列潜在且重要的后果，很可能成为形成新的社会分化和不平等的重要机制。因此，如何认识住房与社会不平等形成之间的联系，厘清两者之间的作用关系，成为本书的研究问题所在。

　　鉴于此，本书将关注的重点投向了经济学中的一个重要概念——财富效应。经济学相关研究指出，住房作为一种资产具有典型的金融属性，其资产价值的变动对消费具有传导和促进的"财富效应"。而旅游消费和教育消费作为反映发展型和享受型消费的代表，是财富效应的重要表现形式。而作为一种体现"客观获得"、具有本土特色的主观概念，获得感包含了城市居民对于物质经济利益、精神文化需求等多方面的体验，将住房资产、财富效应和"获得感"相联系，具有理论和经验内在逻辑性。特别是在生活经历、日常体验等认知维度与解释阶层行动态度和行为具有的高度联系背景下，本书基于财富分层视角，建构起了住房资产、财富效应和居民获得感的研究框架和分析链条，以探究基于住房资产所形成的社会不平等与城市居民阶层分化形成之间的内在机制。

　　本书基于上述思路，利用2014—2015年"特大城市居民生活状况调查"的实证数据研究发现，（1）当前特大城市居民住房资产分化较为明显，城市居民的代内累积优势、代际累积优势均对住房资产产生了正向作用。住房分层体现了社会分层，住房的差异反映了社会阶层存在的真实差异。而金融信贷等住房金融化手段加强了富裕者和多房家庭的财富积聚。住房资产成为社会财富增值的分配机制，加剧了家庭财富差距的放大趋势。（2）当前特大城市居民在家庭旅游消费支出与教育消费支出上呈现出巨大的差异性、分布极不平衡；住房资产与上述消费具有正向关系，住房资产积累较多家庭的旅游和教育支出明显偏高，而住房支出对无房家庭的挤压效应则十分明显。社会财富在向有房者、多房者聚集的同时，又进一步提升了他们的消费，从而在广泛意义上提升了他们的生活品质和文化资本、社会资本的再生产。（3）在获得感影响因素上，研究发现当前城市居民地位获得感较低，相对比较获得感较高；住房资产与财富效应对城市居民地位获得感均具有正向作用，旅游消费和教育消费在住房资产影响地位获得感的路径中起到了重要的中介效应。这一结果确认了住房资产、财富效应对于解释获得感的关键作用。此外，本书还通过针对特大城市青年的质性访谈资料分析，进一步发现家庭禀赋和制度排斥凸显了住房资产对青年获得感的重要影响，并在住房财富效应的作用下，型构了青年群体不同的生活和发展机遇。

　　本书提出，住房资产不平等仍然体现了市场转型下市场能力与再分配权力的双重逻辑，但财富效应与获得感的不平等反映了财富分层秩序下由财产差异到社会分层的传导机制。住房资产不平等成为21世纪中国特大城市贫富差距和社会分层的重要标志，也是社会资源分化和社会认同分化加剧的新面向。因此，从住房资产入手，可以为社会不平等研究提供一个完整的、综合性的分析和解释框架。在坚持"房住不炒"定位、住房回归居住属性的当下，本书较为详尽地反映了住房市场化改革以来特大城市社会分层与变迁的"中国特点"，彰显了转型时期较为真实的"中国经验"，从而为学界和有关部门更好地制定符合特大城市特点的住房制度和政策，提升居民获得感和生活福祉提供相应的学理借鉴和参考。

　　关键词：社会不平等；住房资产；财富效应；获得感；中介效应

Abstract

Social inequality is an important issue in the long history of human society. In the field of social stratification and inequality, the importance of housing is becoming more and more prominent. If you walk in the streets of a megacity like Shanghai, the ubiquitous real estate agents and the topics people talk about in their spare time all remind us that "houses" are closely related to people's lives. With more than 40 years of market economic system transformation and housing marketization reform, housing inequality, as an important manifestation of social inequality, has become increasingly obvious in Chinese society, especially inmetropolis, and has become an irrefutable social fact. Most academic studies point out that housing inequality fully reflects an individual's socioeconomic status and class position, is the result of social stratification and an important indicator of social inequality, and that differences in housing acquisition or housing assets are key variables that affect urban residents' social mentality such as status recognition, happiness, and fairness. However, looking at many studies, there are still few studies that demonstrate how differences in housing acquisition or assets affect the above-mentioned subjective mentality of residents from the perspective of mechanism paths. With the continuous intensification of housing financialization in recent years, the inherent wealth attribute of housing itself has rapidly magnified. The differentiation of housing, especially housing assets, has led to many differences in household property, consumption expenditure, and psychological identity among residents of metropolis, resulting in a series of potential and important consequences, which may become an important mechanism for the formation of new social differentiation and inequality. Therefore, how to understand the connection between housing and the formation of social inequality and clarify the relationship between the two has become the research problem of this book.

In view of this, this book focuses on an important concept in economics-the wealth effect. Relevant economic research points out that housing, as an asset, has typical financial attributes, and the change of its asset value has a "wealth effect" that transmits and promotes consumption. Tourism consumption and education consumption, as representatives of development-oriented and enjoyment-oriented consumption, are important manifestations of the wealth effect. As a subjective concept that embodies "objective acquisition" and has local characteristics, the sense of acquisition includesthe experience of urban residents in many aspects such as material economic interests and spiritual and cultural needs. It has theoretical and empirical internal logic to link housing assets, wealth effects and "sense of acquisition". In particular, in the context of the high degree of connection between cognitive dimensions such as life experience and daily experience and the interpretation of class action attitudes and behaviors, this book, based on the perspective of wealth stratification, constructs a research framework and analysis chain of housing assets, wealth effects and residents' sense of gain, in order to explore the internal mechanism between social inequality formed by housing assets and the formation of class differentiation among urban residents.

Based on the above ideas, this book uses the empirical data of the "Survey on Living Conditions of Residents inMetropolis" from 2014 to 2015 to find that (ⅰ) the current differentiation of housing assets among residents in metropolis is obvious, and the intragenerational and intergenerational accumulated advantages of urban residents have a positive effect on housing assets. Housing stratification reflects social stratification, and housing differences reflect the real differences in social classes. Financial credit and other means of housing financialization have become a means of exacerbating the accumulation of wealth among the wealthy and multi-home households. Housing assets have become a distribution mechanism for the appreciation of social wealth, exacerbating the trend of amplifying family wealth gaps. (ii) At present, residents in metropolis show huge differences in family tourism consumption expenditure and education consumption expenditure, and the distribution is extremely unbalanced; housing assets have a positive relationship with the above consumption, and families with more housing assets have significantly higher tourism and education expenditures. The squeezing effect of housing expenditure on households without houses is obvious. While social wealth gathers towards those who own houses and have multiple houses, it further increases their consumption, thereby improving their quality of life and the reproduction of cultural capital and social capital in a broad sense. (iii) In terms of factors affecting the sense of gain, the study found that the current urban residents have a low sense of status gain, but a relatively high sense of gain; housing assets and wealth effects have a positive effect on the sense of status gain of urban residents, and tourism consumption and education consumption play an important mediating role in the path of housing assets affecting the sense of status gain. This result confirms the key role of housing assets and wealth effects in explaining the sense of gain. In addition, through the analysis of qualitative interview data on young people in metropolis, this book further finds that family endowments and institutional exclusion highlight the important impact of housing assets on the sense of gain of young people, and under the influence of housing wealth effects, different life and development opportunities for young people are constructed.

This book proposes that housing asset inequality still reflects the dual logic of market capacity and redistribution power under market transformation, but the inequality of wealth effect and sense of gain reflects the transmission mechanism from property differences to social stratification under the wealth stratification order. Housing asset inequality has become an important symbol of the gap between the rich and the poor and social stratification in China'smetropolis in the new era of the 21st century, and it is also a new aspect of the intensification of social resource differentiation and social identity differentiation. Therefore, starting from housing assets can provide a complete and comprehensive analysis and explanation framework for the study of social inequality. At a time when we insist on the positioning of "housing for living, not for speculation" and housing returns to its residential attributes, this book reflects in detail the "Chinese characteristics" of social stratification and changes in metropolis since the housing marketization reform, and highlights the more realistic "Chinese experience" during the transition period, so as to provide corresponding academic references and references for the academic community and relevant departments to better formulate housing systems and policies that meet the characteristics of metropolis in the new era and enhance residents' sense of gain and living well-being.

Key Words: Social equality; Housing assets; Wealth effect; Sense of Gain; Mediating effect

目　　录

Content

表 目 录

List of Tables

图 目 录

List of Figures

第 一 章

绪　　论

第一节　研究背景

　　社会不平等（social inequality）是人类社会发展过程中一项亘古不变的议题。社会生产力的发展使得劳动与社会分工普遍化，在这一过程中劳动产品分配的不均导致的私有制的起源是阶级社会中社会不平等产生的根源（马克思，1975）。由此，这种不平等在漫长的演化中形成了职业差异、贫富分化以及阶层固化等种种社会不平等的表现。对于当代中国来说，40余年波澜壮阔的市场化改革历程打破了原有计划经济体制下简单的社会结构，城乡差异、贫富差异、阶层差异相互交织，社会成员的社会差异逐步凸显，成为一个无可辩驳的社会事实。值得注意的是，在上述社会差异之余，近年来住房分化，或是住房不平等现象越发显现，同时也成为学界关注和研究的热点所在。

　　住房（house，housing）是人们生活起居的居住场所和家庭生活的空间载体。早在10000多年前，人类在与自然的顺应和斗争中学习了躲避灾难、开垦农业、驯化动物，并搬出了洞穴开始了定居生活，这种定居地便是住房。而伴随着社会的发展，住房与社会不平等的关系演化逐渐密切。唐代诗人杜甫在《茅屋为秋风所破歌》中的名句"安得广厦千万间，大庇天下寒士俱欢颜"以住房为喻，揭示了安史之乱后的人间疾苦，饱含了作者对于天下苍生都能得以庇护的善良宏愿，为世人广为传颂；恩格斯（1962）在《英国工人阶级状况》中描绘了 19 世纪英国产业工人恶劣的住房条件和居住状况，深刻揭露了资本家对工人阶级的残酷剥削，揭示了住房以及居住空间具有阶级性的特点。到了当代社会，住房资源的获取及优劣与个人的社会地位和阶层位置紧密相关，住房成为社会分层的一种分布机制、个人财富地位的象征以及反映社会不平等的一种重要指标（Bian，2002；李春玲，2007；李强，2009）。

　　随着全球范围内生产体制的变化，资本的金融化（financialization）越来越成为当今社会财富增长的一种机制和资本再生产的一种手段（克里普纳，2008a，2008b）。皮凯蒂（Piketty，2014：167 - 170）通过对英法两国资本变迁历史的梳理发现，资本的属性已经从过去的土地模式转变为今天的住宅加上工业和金融资产模式，住房资本的占比大大增加。因此，当今资本主义社会的不平等很大程度上已经由职业和劳动收入的不平等转变为以住宅等不动产因素为主的财富占有的不平等。对于当前中国来说，住房市场化改革不仅使住房成为城市家庭财富的重要组成部分，而且使得住房的属性从消费品转向了投资品和金融品（吴开泽，2016）。国家统计局有关数据显示，自 2000 年以来，中国城镇商品房住宅销售均价上涨近 7 倍，在北京、上海、广州等超大城市涨幅更为明显①。在这一过程中，利用金融化手段大量买卖住房就是一种能够获得巨额资本收入回报的一种方式，几年内多买卖一套房子带来的收益甚至达到一个中等收入阶层家庭数年或数十年的工资收入，"炒房食利阶层"应运而生。这种通过住房资本获得的收入已经远远超过了劳动所获得的收入，加剧了家庭财富差距放大的趋势（魏万青，2014；吴卫星等，2016；

---

　　① 其数据来源于国家统计局中国统计年鉴，http：//www. stats. gov. cn/tjsj/ndsj/2018/indexch. htm。

吴开泽，2017）。住房尤其是住房资产（housing wealth）的迅速分化，不仅在城市社会中出现了以住房为代表的基于财富多寡而建构的阶层认同（张海东、杨城晨，2017），更为重要的是，这极有可能是形成社会分化和社会不平等的重要机制（刘祖云、毛小平，2012；吴开泽，2017），在消费支出、家庭财富乃至阶层再生产方面生成了诸多差异，给当代中国社会造成了一系列潜在和重要的后果（Wang，2000；Wang & Murie，2011）。

近年来，"获得感"这一起源于政界、具有本土特色、反映中国社会发展目标的概念成为民众、媒体和学界热议的话题。有别于"幸福感""生活满意度"等相似概念，获得感强调了"客观获得"与"主观获得感"之间相互联系又递进的关系（黄东霞、吴满意，2017；项军，2019）。对于金融化时代的住房分层来说，住房资产的膨胀不仅客观上加剧了家庭财富的分化，而且这种效应还使得城市居民在心理感受上产生了巨大差别，"有房阶层"对房价上涨津津乐道，"无房阶层"则对高涨的房价充满了焦虑和哀叹（刘升，2014）。这完全符合"获得感"概念的层次与内涵。但当前学界对于住房资产与居民获得感之间关系的研究为之甚少。因此，基于上述社会事实，在住房金融化背景下居民由于住房的差异而产生的不平等以及由此衍生的不平等问题成为社会学界关注的一大焦点问题，而社会学在研究中国这样的经历市场转型的国家的分层现象时，不能片面强调原先的基于职业的分层框架，而应当立足于时代变迁与现实，发展出适应当下时代一种新的分析社会不平等的分层框架。此外，由于中国经济社会的深刻转型以及人口流动规模的持续扩大，特大城市的一个明显特点就是大量人口特别是青年人口进入城市，青年群体对住房的需求迅速扩大。对于特大城市的青年群体来说，住房对其获得感的影响不言而喻。一方面由于社会的发展转型导致家庭结构的变迁和家庭规模的缩小，单独居住成为多数青年普遍认可和理想的居住方式（风笑天，2011）；另一方面职业起步期的青年群体的劳动收入和积蓄无法承担房价甚至无法覆盖首付款，特大城市青年的住房问题就由"个人困扰"转变为家庭与和社会的"公共问题"（廉思、赵金艳，2017），引发了学界对青年群体住房问题的诸多关注和思考（方长春，2018；范一鸣，2021）。本研究也正是基于这种设想，从住房金融化的视角出发，分析城市居民住房获得的差异而形成的住房资产的不同，以及由住房资产变化所带来的阶层分化与阶层差异和对城市居民获得感的影响，并在深入分析住房影响青年群体获得感的质性资料基础上，试图探讨当前社会由住房引发的城市居民社会分层现象，以及由此所形成的社会不平等新面向的相关内在机制。

第二节　研究的目的和意义

一　研究目的

本研究从社会不平等角度出发，着力描述市场化改革以来尤其是当下中国城市居民住房不平等的分布状况，探讨形成这种不平等分布的机制性因素，进而分析以住房资产为代表的财富不平等对城市居民在生活消费、获得感以及阶层流动所形成的差异和不平等。具体而言，其一是根据大型调查数据呈现城市居民在住房资产以及住房资产增长上所形成的巨大差异；其二是总结基于住房资产的财富效应对于不同阶层群体尤其是住房分异所形成的群体所发挥的不同机制；其三是探索由住房所形成的财富效应对于城市居民在获得感方面所形成的差异性影响，构建出住房资产、财富效应与居民获得感之间的联系；其四是通过对特大城市青年群体的深入访谈，呈现当前青年群体在住房问题上所面临的难点和痛点问题，从而丰富对住房资产、财富效应与获得感作用链条的理解和认识。更为重要的是，在"阶级撤退论"主张从生活经历、日常体验等认知维度去解释阶层行动的主要维度、影响其态度和行为的背景下（Thompson，1963），本研究希冀于在相关理论探讨和经验材料的归纳和总结基础上，以居民基于住房资产而形成的获得感为基础，探索研究金融化背景下基于不动产财富——住房所形成的社会不平等与阶层分化的机制和综合性的分析框架，从而论证以住房为代表的财富分层秩序正在确立以及"住房阶级"理论在当代社会的适用性和生命力。

二 研究的理论与现实意义

在当前中国住房供需矛盾较为突出，特别是特大城市住房价格居高不下、住房投资行为愈演愈烈、社会中"住房拜物"与"住房焦虑"情绪并存，住房成为社会普遍关注的议题的情况下，本研究将住房与居民获得感之间的机制作为研究对象，不仅从学理角度分析作为社会不平等的结果，同时又将其作为新的社会不平等和阶层结构产生机制的形成因素，具有如下较为重要的理论价值和学术意义。

第一，拓展了既有社会分层领域的研究视角。长期以来，在社会分层与社会不平等的研究中，国内外学者普遍采用的是职业中心视角，研究重心多侧重于收入、教育和职业的分化（李骏，2017）。而随着资本金融化时代的到来，财富作用的回归正在极大地改变着中国社会的阶层架构和分布格局，传统的职业中心视角对于当下中国城市居民在财富积累、投资消费、地位认同乃至阶层再生产方面的解释力逐渐式微。时代的发展需要一种新的理论视角和解释分析框架。住房作为中国城市居民家庭财富和不动产的最主要存在形式，一方面是体现社会不平等的重要分布指标，另一方面，在商品化与金融化背景下，其具有的投资和升值属性与居民的经济收益、财富积累密切相关，进而又形成了新的社会不平等的分布秩序，而这种机制与职业阶层之间的关系较为松散（李骏，2017）。因此，本研究将住房尤其是住房资产纳入社会分层、社会不平等与居民获得感的分析当中，适应了当下金融资本快速发展的浪潮，拓展了既有社会分层研究领域，说明了当前社会分层与社会不平等形成的复杂性，从而为财富分层背景下社会不平等研究提供一个可行的理论解释和分析框架，这也是本研究的学术意义所在。

第二，强化了"住房阶级"理论的学术生命力。"住房阶级"理论将个人所拥有的住房资源作为判别其社会阶层地位的属性，并将个体的微观行动与城市空间的区隔相联结，构成了城市社会中阶层分布的物质基础。但这一理论从诞生伊始就受到了学界的质疑与批判。本研究试图通过相应的研究发现与结论，跳出理论争论的执拗，证明"住房阶级"理论的核心观点：当代社会阶层分化的基础开始由职业所代表的生产领域的区别向基于财富多寡所形成的区隔转变。更为重要的是，本研究还力图在资本与住房金融化的背景下，论证"住房阶级"不仅是住房资源和财富增值不平等所形成的一种事实上的判断，更成为一种影响居民心理认同与获得感，进而型塑新的阶层与社会不平等的社会动力机制，从而延伸了这一理论的适用性和生命力。

第三，揭示了中国社会在住房与财富分配领域改革的必要性和紧迫性。住房问题连着民心，是关乎每个人切身利益的民生问题，必须下更大决心、花更大气力解决好存在的各种问题，实现人民群众对住有所居的期待。对奋斗者来说，一把钥匙打开的不只是房门，还有梦想。在当前特大城市中住房价格持续上涨、住房投资与投机行为交织、住房金融化使住房资产增长速度远大于劳动收入的情况下，不仅损害了社会成员对公平正义的感知，更是形成了社会冲突与不稳定的隐患，从而极大地损害了居民的获得感。而随着住房金融化现象的不断演进，住房由生活必需品向投资品与金融品的方向演变。为了避免社会陷入"有产者恒有产，无产者恒无产"的马太效应困境，在住房供求市场坚持"房住不炒"的理念，理顺商品房、保障性住房以及政府公租房的关系，实现"居者有其屋"；同时在财富分配领域落实以不动产财富为基础的税收调节体系，就显得十分重要与紧迫。

第四，回应了包括青年群体在内的特大城市居民对于住房问题的现实需求。由于一段时期以来，住房产业化走向住房金融化，特大城市居民尤其是青年群体的住房问题由"个人困扰"转变为社会所关注的"公共议题"。随着社会流动的加速特别是特大城市青年群体的聚集，青年群体的住房更成为社会所热议的话题。青年是未来的希望，也是一个城市蓬勃发展的人才源泉。住房对特大城市青年的生存和发展具有重要的意义，解决好青年群体的住房问题也一直备受社会各界的关注。2021年政府工作报告首次提出"尽最大努力帮助新市民、青年人等缓解住房困难"，将解决青年群体的住房问题上升到国家意志，而2022年6月中宣部、国家发改委等17个部门联合印发的《关于开展青年发展型城市建设试点的意见》中明确提出青年发展型城市要"关注加快完善以公租房、保障性租赁住房和共有产权住房为主体的住房保障体系"，解决青年群体的住房困难问题，构筑起青年乐居的城市。本研究通过与青年群体的访谈和对资料的提炼，为相关部门进一步审视青年群体的住房问题、回应青年群体关于住房的现实需求提供相应的政策建议，为青年群体在所栖身的城市贡献青春和才干的同时切实提升他们的获得感和幸福感。

第三节　研究的主要理论视角

理论是学术研究的基点和来源，从经典中汲取理论的力量，不但可以为我们认识现实世界提供可靠的保障，而且还能为理解社会现象进而解决社会问题提供坚实的支撑和独有的创新视角。由于住房问题与社会生活密切相关，成为众多学科研究的热点所在；而住房与社会不平等之间的关联复杂多样，不同学科之间、学科内部不同分支与流派之间关注的视角又不尽相同。例如，在社会分层领域中，住房不平等往往被视作结构地位因素作用下形成的以"住房权利"为基础的社会分层秩序；在城市社会学者眼中，居住分异与住房分层体现的是社会权力结构对空间占有的不平等；而近年来兴起的金融化理论则强调金融衍生世界不仅形成了基于住房等不动产的金融资产的不平等，还是社会关系再生产的核心因素。因此，本研究使用如下理论视角贯穿全书。

一 社会分层理论

社会分层是指存在于人类社会中个人与群体的结构性的不平等现象（吉登斯，2003）。传统意义上学界对于社会分层结构的研究，往往建立在这样一个基础之上：一个人的阶层是由其所处的社会客观位置的高低所决定的，这些位置包含了职业地位、经济收入、教育程度、权力大小等因素（Blau & Ducan，1967；Featherman，et al.，1975）。对于上述因素影响作用的不同看法，形成了社会分层领域的三大理论流派：马克思的生产资料决定论、韦伯的多元阶层划分论和涂尔干的职业共同体分层论（张海东、杨城晨，2018）。20世纪50年代以来，随着西方资本主义国家社会生产体制的巨大改变和"管理革命""技术革命"在社会生产领域的应用以及一些新的阶级阶层在社会结构中的出现，学界对于社会结构和社会分层机制的探究掀起了一个新的高潮。例如新马克思主义者赖特（Wright，1996）对生产资料、劳动力资产、技术资产、组织资产的划分所形成的"矛盾阶级"观点，以及新韦伯主义者戈德索普依照职业的市场地位和工作地位所建立的七大阶级测量模型（Goldthorpe，1987），这些研究都为当代分层机制的理论和经验研究提供了重要借鉴。

对于中国来说，改革开放40多年波澜壮阔的市场转型过程对社会生活的各个领域、各个层面均产生了前提性、整体性的深远影响。从社会分层领域来看，资源配置和利益分配格局及其决定机制出现了明显转换，阶级阶层结构及其评判依据发生了深刻调整，阶层结构领域出现了很多新的形势和变化，许多结构性因素及其作用形式变得更为错综复杂。市场经济的发展打破了计划经济体制下传统的分层模式，市场转型使社会中出现了越来越多依靠"市场权力"而生成和发展的阶层，社会分层模式在这一转型之中也将发生巨大的变化（Nee，1989）。在此基础上，当前我国社会分层研究中存在市场经济、国家社会主义和社会利益群体三种取向或范式（仇立平，2006，2007）。市场经济取向坚持资源的分配与社会层级中个人的地位主要是由市场机能决定，在研究中多突出职业的决定性地位或韦伯式的多元标准（陆学艺，2002；李春玲，2005）。国家社会主义取向认为资源的分配与社会层级中的个人地位大多由政治权力而非市场机能所决定（陆学艺，2002；郑杭生，2004）。而社会利益群体取向则主张中国还没有形成比较稳定的社会阶层，社会阶层在含义上应该"是指利益分化已经完成、物质利益已经相对稳定的集团"，采用利益群体范式的目的是说明利益关系（李强，2004）。基于上述范式，学界对国内社会分层现状和机制领域提出了"十大阶层论""社会结构稳定论""社会断裂论""社会碎片论""权力衍生论"等具有代表性的学说和观点（陆学艺，2002；李路路，2002；李强，2004；李培林，2005；刘欣，2005）。

但是，综观上述社会分层理论或范式，其大多秉承结构地位论，采用职业中心视角理解分层的相关机制与现象。近年来，随着资本作用的"卷土重来"，财富在社会分层中的地位愈发突出，面对社会分层中出现的新特点、新机制，学界在理论方面也进行了诸多探索与呼应。住房分层与不平等成为社会分层研究中一项关键主题。例如，一些学者或从住房阶级理论出发，针对市场与国家这种双重资源分配体制对于住房资源获得的影响以及住房资产对于家庭地位重要作用，提出了"住房权利转移论"（李斌，2008；李斌、王凯，2010）；或以阶层化视角指出居住空间存在明显的阶层化倾向（刘精明、李路路，2005），或在诸多经验证据的支撑下论证了以住房为代表的财富分化逐步成为居民地位认同的主要因素和社会分层的新秩序（李强、王美琴，2009；张海东、杨城晨，2017）。上述这些理论与视角为本研究提供了重要的理论源泉和研究基点。

二 生命历程理论

生命历程（life course）理论来自芝加哥学派对移民的研究，是国际上正在兴起的一种跨学科理论，它侧重于研究剧烈的社会变迁对个人生活与发展的显著影响，将个体的生命历程看作是更大的社会力量和社会结构的产物。生命历程理论的基本分析范式，是将个体的生命历程理解为一个由多个生命事件构成的序列，同样一组生命事件，若排序不同，对一个人人生的影响也会截然不同。其研究视角关注个体生活、结构与社会变化之间的相互关联，强调社会变迁影响下一系列的生活事件（life event）随时间推移而出现的先后顺序和转换过程以及对个体生活的影响（胡薇，2009）。埃尔德（Elder，1994；转引自郭于华、常爱书，2005）指出，生命历程理论有4个基本概念和原则：一是人与变化的历史时空（historical time and place），即个人生活的轨迹和经历嵌入社会历史时期和地域空间；二是在主动选择和社会制约中的人类行为主体（human agency），所有的个体都是由社会所构成的，并非独立存在的，其生活是社会过程的反映，同时又影响了社会结构；三是生命过程中的时机（timing），这是指生命事件对于个体的影响取决于这一事件在生命历程中所发生的时间，发生时间的重要性甚至超过了事件本身；四是个体的能动性和相互关联、相互依存（linked lives），即个体生活在一定的社会网络中，他们不仅与自身的社会网络产生横向的关联，还在很大程度上与纵向的历史相互依存。从《身处欧美的波兰农民》到《大萧条中的孩子们》，生命历程理论为学界诠释了个体生命带有社会世界的印记，尤其是在剧烈变迁的时代中。

随着生命历程理论的不断发展与演变，国内的学者也将其应用于中国社会发展历程研究之中，研究社会转型时期各种制度与变迁对于人们生活的相关影响。李强等人（1999）率先系统介绍了生命历程研究的范式与方法，并阐释了生命历程研究对中国社会学的意义；周雪光和侯立仁（2003）通过对"文革"期间孩子的成长史的追溯与探索，探讨了国家政策的重大变化以及社会分层的中介作用对于个体生命的意义；一项对"4050"下岗失业人员生命历程的研究揭示出国企改革等重大社会变迁对一代人生命历程的影响，使他们对社会保障的诉求发生改变，并最终影响了这一制度的运行效果（郭于华、常爱书，2005）；生命历程理论同样可以应用于老年人的贫困研究当中，这一研究指出新中国的成立使贫困的发生机制发生了重大改变，而个体的能动性在对抗贫困过程中产生了巨大作用（徐静、徐永德，2009）。近年来，一些学者关注到了住房市场化改革这一重大历史事件对于个体住房获得的重要影响，相应的研究指出国外学界将家庭结构和职业生涯纳入住房获得的分析框架中，可以为重大变革下的中国社会的住房研究提供理论方向（吴开泽、陈琳，2014）。相关学者在生命历程理论的指导下，从住房改革的时期以及个人所处的时代机遇、购房所处的时机以及家庭禀赋等角度，运用实证研究证实了住房获得与住房不平等存在代际差异，住房分化也通过代际传递着不平等（吴开泽，2016，2017；范晓光、吕鹏，2018）。上述理论和研究为本书从代际分化视角研究住房资产不平等提供了重要理论和经验借鉴。

三　后工业化时代的金融化理论

伴随着20世纪七八十年代以来信息技术革命的浪潮，西方国家在社会生产领域发生了结构性的巨变，制造业、建筑业等实体经济衰落的"去工业化"现象和虚拟经济与金融业蓬勃发展的"金融化"现象相伴而生。各种依靠股票、基金、债券等金融品的投资行业急剧膨胀，金融衍生产品在市场中以难以想象的速度快速扩张，金融资本成为社会中占绝对统治地位的资本、金融话语在各行各业掌握绝对话语权，金融行业成为资本主义社会"最为赚钱的行业"（沃勒斯坦，2013）。金融资本主义取代了商业资本主义成为当前西方国家经济领域的主要特征。

金融资本主义的崛起有着其深刻的历史背景和制度根源。第二次世界大战后西方国家经济领域长期奉行的"凯恩斯主义"政策在20世纪80年代失灵，以撒切尔和里根政府为代表的"新自由主义"政策的上台放宽了对银行业的管制，使得金融资本在市场中获得了广泛的空间。金融产品和类型的扩张推动了金融交易向数量和纵深两个维度发展、机构投资者的兴起和金融经济学的诞生又从不同方面鼓吹金融投资的回报和收益。而信息技术的革新使得人们可以在家中、电脑前操作金融产品交易。任何产品都可以演变成"金融品",每一个人都成为金融市场的行动者、参与者和共生者。金融资本主义还辐射渗透到经济生产之外的领域,导致了政府、企业、家庭和个人无不受到金融化的影响,出现了"社会生活金融化"的趋势(何秉孟,2010;杨典,2018;杨典、欧阳璇宇,2018)。这种"泛金融化"的现象使得公司经营唯"金融市场"马首是瞻,普通工人难以得到稳定的雇佣合同,降薪与失业现象频发;社会财富向垄断金融资本进一步集中,掌握金融资本的投资经理人与大股东对利润分配"赢者通吃",与劳动者的收入差距进一步拉大,贫富分化现象更为悬殊。此外,投资文化与金融思维充斥着整个社会,人们热衷于股票证券投资、房地产炒作和人力资本投资,金融资本与权力、财富、阶层地位等因素相互交织夹杂,"贫者愈贫""富者愈富"的雪球效应无可避免。

值得注意的是,住房金融化是金融化社会中十分明显而又与个人生活密切相关的现象。特别是在住房领域,金融资本的崛起使得住房逐渐从简单的商品变为复杂的金融技术,一些学者从金融化的角度研究了住房金融给国民经济和社会运行带来的深远影响,提出了住房政治经济学(housing political economy)(Schwartz & Seabrooke,2009)。这一理论的研究者将住房金融视作社会金融化的核心系统,指出人们对"如何认识住房""住房如何被支付""住房税收如何分配"三个问题的不同回答将直接影响居民消费投资行为、资产价值,从而影响人们的日常生活和社会结构(Schwartz & Seabrooke,2009;毛丰付,2012)。在金融化体系下,住房不单只是一种耐用消费品,而且是一种投资品和金融品;房地产成为富裕阶层财富的重要组成部分,财产分配比收入分配更不平等且呈恶化趋势(Keister et al.,2000);而住房价值波动所引发社会财富分配成为当下财富分配的重要形式，如果不能正确处理，将会引起代际与阶层之间的激烈矛盾。上述这些理论和观点为本书从金融化视角研究住房资产对居民获得感和阶层地位的影响提供了重要借鉴。

第四节 主要研究内容和章节安排

基于前文所述，本研究以社会不平等为切入点，以社会分层理论和住房金融化理论为依托，重点考察我国城市居民在住房资源与住房资产获得上的差异性后果以及形成这种不平等的机制性原因，分析住房资产所引起的财富效应对于城市居民在发展性消费和日常生活机会的不同效应，进而探索出住房资产对于居民获得感的影响机制，从更深层面上探讨住房分层是否成了塑造社会不平等的一种机制。

在章节安排上，本书正文部分共包含八章。其中第一章为绪论，主要介绍了本书的研究背景、理论与现实意义、研究视角等；第二章为文献回顾，主要从住房资源与住房资产、财富效应和获得感影响因素三个维度综述国内外既有的研究成果，在对文献资料进行对话与批判性反思的基础上引申出研究的合适性、重要性与创新性；第三章为研究设计，包含了本书的研究假设、数据来源、相关概念与变量的操作化、研究方法以及样本的规模和特征；第四章至第七章为本书的研究发现，具体而言，第四章描述当前我国城市居民在住房获得以及住房资产上不平等的现状，并分析形成这种不平等相关原因；第五章着重探讨基于住房资产的财富效应以及住房金融化对城市居民日常生活的相关影响；第六章运用结构方程模型等统计方法，探索并呈现以住房资产和财富效应为代表的影响居民获得感的有关机制；第七章通过与特大城市青年群体的深入访谈获得第一手的质性资料，呈现其住房获得与获得感的现状基础，增进住房资产、财富效应与获得感之间相互关系的社会机制分析；第八章为结论与讨论部分，本部分将总结本书的发现，并对结论进行深入的探讨，指出研究的创新与不足，并试图在理论对话的基础上形成新的建树。

第 二 章

文献回顾

　　文献回顾是就某一特定的研究课题或研究主题搜集相关的文献资料，对以往相关领域研究成果进行分析、整理和提炼的过程，是社会科学研究中至关重要、不可或缺的组成部分。综观国内外的相关研究，笔者发现，当前学界对于住房不平等研究旨趣日益浓厚，在住房分层的形成机制、表现形式以及社会后果等方面产生了诸多具有影响力的理论与研究成果。但是，这些研究较少注意到住房资产以及财富效应对于个人日常生活以及获得感的影响。另外，与"公平感""主观幸福感"等研究相比，对于"获得感"的研究也正处于探索与起步阶段。因此，本书通过梳理并总结已有的文献，"站在前人的肩膀上远眺后方"，为本书之后的研究提供重要的依据与借鉴。

第一节　国内外学者对住房资源获得与 住房资产不平等的研究

一　住房阶级理论：社会不平等研究的一次重大飞跃

　　在关于社会不平等浩渺的文献中，阶级或阶层视角是一个不可回避的理论基点。正如笔者在绪论中所指出的，无论是马克思"生产资料决定论"中的阶级（class），还是韦伯"多元阶层划分论"中的阶层（class or stratum），决定社会位置的始终都是基于生产领域而形成的生产资料、职业或收入的差异。受到上述范式的指引，学界对于社会不平等领域的研究多具有"结构地位论"或"职业中心论"的色彩（李飞，2013；张海东、杨城晨，2017；李骏，2017）。而社会学家雷克斯和穆尔依据英国工业城市伯明翰城区内居民住房与种族的关系所提出的"住房阶级"（housing class）理论，从住房分配体系和城市空间区隔的角度，创造了一种新的阶层划分体系，即依据是否拥有住房以及拥有稀缺性住房资源的程度将城市居民划分成不同"住房阶级"（Rex & Moore，1967）。

雷克斯和穆尔在对伯明翰社区的住房与种族关系进行深入观察和研究的基础上，认为拥有住房资源，尤其是优质的、高级的住房资源是城市居民人人向往的价值取向。但是，住房资源又往往十分稀缺，无法满足所有人的需求，因此根据获得住房资源与途径的不同，可以将城市中的居民划分为六类。一是拥有完整房子的所有人；二是拥有完整房子但有部分抵押的人；三是租住公房的人；四是租用整栋私房的人；五是用贷款买到房子但因为贷款压力被迫出租住房的人；六是临时住所的房客（Rex & Moore，1967；张杨波、吴喜，2011）。更为重要的是，在面对住房取决于劳动者的收入和境况的争论时，他们指出拥有相同职业的居民，其获取住房的手段和得到的住房资源也往往不同。因此，住房可以成为判别社会阶层的指标与体系，"拥有上层住房的人，其社会结构也往往处于上层，否则只能是下层"。与此相似的是，桑德斯（Sanders，1984）认为观察住房比工作更为重要，住房因此可以成为划分人们阶层状况的标尺。福塞尔（Fussell，1983）则更进一步指出，在美国社会中存在的住房格调差异体现了住房所有者的阶层差异，因此分析住房情况就等同于分析人们的阶层状况。"住房阶级"理论在秉承社会学关注资源分配不平等和社会差异的传统上，富有创造力地将"生活资料"与社会阶层地位、城市空间结构以及住房体系联系在一起，具有多方面的优点（蔡禾、张应祥，2003）。可以说，"住房阶级"理论的提出，反映了20世纪60年代以来西方经济发展与社会结构的新趋势与变化，是社会不平等研究领域的一次重大创新与飞跃。

在此基础上，西方学界将"住房阶级"理论与社会空间区隔理论、地位认同理论、社会定量研究方法等相结合，掀起了一股住房研究的热潮，取得了一系列重要的研究成果（McAllister，1984；White，1987；McDowell，1997；Watt，2005；Boterman et al.，2010）。例如，McAllister（1984）认为，在先进的工业社会中，住房对社会阶级亚文化的影响比职业更为重要。他在对英国、美国与澳大利亚的选举投票的研究中发现，选民的投票倾向与其所处的社区和住房密切相关，住房市场的性质直接吸引不同住房类别选民的政治活动。这一研究凸显了城市内部居住差异对于个人阶层意识尤其是政治态度与政治倾向的重要影响。White（1987）在对美国大都市与居住分异的研究中发现，住房的租金和价值在很大程度上代表了一个家庭的社会地位，而房屋类型以及社区位置可以充分展示家庭财富，房屋的这两种属性获得的社会经济地位区隔程度会远超其他人口统计特征。上述两项研究都以经验材料为证据，证明了住房与阶层地位之间的相互关联，拥有住房的品质和社区地位影响了人们的社会行动。

另有的研究从居住选择、生活方式等角度分析了住房对于人们的影响。McDowell（1997）基于对伦敦三家商业银行专职员工的调查发现并论证了新中产阶层的居住偏好决定生活方式。他认为，服务业内部日益分化的劳动力在某种程度上通过更为高级的机制形成更大的社会分化。而劳动力市场女性化的影响，特别是职业女性人数的增加，被认为是伦敦住房市场变化的重要因素。人们所处的住房市场的变动，又对新中产阶层尤其是职业女性的生活方式产生了革命性的影响。Watt（2005）在对伦敦市区租住的"边缘专业人士"的访谈和研究后指出，这些租户虽然社会地位远比城市中心的"中产阶层"和富人阶层低，但是他们在社交生活中共享了某些"中产阶级绅士"的共同特点，居住地与住房社区造就了这些边缘专业人士的文化资本，使他们得以融入当地的文化与社交生活。Boterman等人（2010）对鹿特丹的住房研究表明，中产阶级家庭对郊区具有压倒性的居住偏好。住房以及社区作为一种"生活方式"，塑造了中产阶级家庭的安家理念、建构了他们在社区当中的社交网络，住房已经深刻地"嵌入"在中产阶级家庭对于郊区的选择，成为他们身份认同的重要标志。这些研究从多个角度进一步论证了"住房阶级"的核心观点，即居民拥有的住房品质高低与所处的社会阶层位置高度相关，住房可以成为判别人们社会地位的一种指标。

对于经历了住房市场化改革的中国来说，住房市场在短期内得到了飞速发展，也使得城市中的住房分层出现了由无到有向愈发明显的转变。众多国内学者注意到了这一历史性的转变，并在此基础上形成了具有中国特点、符合中国经验的住房不平等理论体系与经验框架。例如，有学者就指出，转型时期居民由于他们占有或居住的住房的影响而形成了具有相似社会位置的"住房地位群体"，这种"住房地位"不仅反映了社会身份、显示了社会地位，更体现了一种稳定的社会关系，拉开了彼此之间的"社会距离"（李强，2009）。另有的学者以实证研究的方式证实了我国城镇社会中的居住空间存在"阶层化"的倾向，"白领阶层"、"体力劳动者"与"自雇佣者"住房所属的居住社区与地段价位存在明显的区隔和差异，职业类别、教育程度与居住空间高度相关，形成了"潜类别"意义上的阶层（刘精明、李路路，2005）；城市住房分层由低到高呈现了无产权房阶层、有产权房阶层与多产权房阶层的"三阶五级"式结构，（刘祖云、毛小平，2012）；城乡居民在住房产权、住房质量和住房面积之间存在明显的区别（范雷，2016）。上述这些研究都以"住房阶级"理论为依托，论证了住房分层已经成为职业地位、财富多寡、文化资源等多种分层现象的集中体现，深刻反映了当前我国社会的分层现象，构建了一种基于财产的社会分层秩序，成为当今中国社会分层的一个主要指标（李强、王美琴，2009；李斌、王凯，2010）。另外，在具有相似社会和文化背景的韩国，其住房分层与住房不平等现象更为突出。孙洛龟（2007）就指出，当前韩国社会基于"房地产投机食物链"形成了六大"房地产阶级"，这六大阶级的社会资本依次递减，将无房者完全排斥在社会网络之外。"房地产资源"不仅逐渐取代职业成为社会分层的重要因素，而且还蔓延到社会生活的方方面面，产生了诸多严重的社会后果，形成了一种阶层固化的定型化社会。芦恒（2014）则进一步阐释了这一定义的内涵，并从我国社会实际出发，认为居住的有形边界将引发生活方式和文化资本的无形边界，成为阶层结构再生产的机制之一。

　　总而言之，上述这些国内外研究在承继并发展"住房阶级"理论的基础上，都提出住房分层反映社会成员高低等级的一种新秩序，将逐步取代职业分层成为社会分层的一种新机制。而这种秩序和机制将会给社会生活领域带来众多可以预见或难以预见的社会后果，需要学界进一步研究。在某种意义上，"住房分层"理论，为社会不平等领域的研究开拓了一片崭新的天地。

二　住房资源不平等：权力地位与市场能力的双重累积

　　在住房不平等的相关研究中，对于住房资源获取能力以及"住房品质"的优劣差异一直是学界关注的重点。在这里，西方主流学界对于住房不平等的研究存在"间接范式"与"直接范式"两种研究路径的探讨与交融（Filandri & Olagnero，2014；Tan，Wang & Cheng，2016）。直接范式是指通过运用适当的指标进行估算的方法得出一个国家或区域内住房不平等的程度，并预测其发展的趋势。Robinson（1985）首先发现了英国住房研究中缺乏衡量住房资源不平等与家庭人口变化的指标和方法，并开创了一套涵盖从概念到测量方法的衡量住房不平等的体系。此后，例如基尼系数（Gini Coefficient）、阿特金森指数（Atkinson Inequality Index）

等一系列指标被广泛运用于西方住房不平等的研究中，并取得了一系列重要的成果（Levin & Pryce，2008；Tan，Wang & Cheng，2016）。

然而，由于现实中很多研究往往缺乏连续的面板数据支撑，关于住房的单个汇总信息有时难以收集，而且考虑到住房是社会资源分配中必不可少的主题，住房分层已经成为整个社会分层的组成部分，因此，间接范式在住房不平等研究中的应用也十分广泛。间接范式的逻辑是通过确认具有不同特征的群体之间的住房差异来揭示住房不平等现象。他们较多关注家庭社会经济和人口特征的差异，诸如年龄、性别、教育程度、职业和收入，以及种族和民族的差异对拥有住房的可能性，还有这种差异对住房质量和住房价值产生的不同影响。秉持间接范式的研究者认为，居民持有的经济购买力无疑是其购买住房和享有住房质量的决定性因素，但是由于历史和制度背景的差异，在不同国别与区域的研究中其他关键变量也显示出了巨大差异。例如，在美国的研究中，不同种族与族群之间的区别是形成住房不平等最为常见的变量（Flippen，2001；Krivo & Kaufman，2004；DeSilva & Elmelech，2012），这些研究从各个方面证实了非洲裔美国人、墨西哥裔美国人、亚裔美国人在住房资源与住房质量上与白人存在巨大的"种族隔离"现象。

对于中国来说，住房差异与住房不平等一直被看作城市居民阶层差异的主要方面（Logan & Bian，1993；Nee，1996；Logan，Bian et al.，1997；刘精明、李路路，2005）。在计划经济再分配时期，住房作为一种稀缺的公共资源，曾经在中国城市社会分层中发挥着关键作用。由于当时居民的工资较低，收入分配相对平等，公共住房的获得被视作一项重要的福利非货币效益，分配的住房规模和质量很大程度上取决于单位的性质和个人的职业（Walder，1992；Wu，2019；边燕杰、刘勇利，2005；李强、王美琴，2009）。干部身份对于住房获得具有显著的影响，社会中形成了基于身份地位和政治权力构建的住房分层体系，这一逻辑适合改革前的城市住房分配制度（赵晔琴、梁翠玲，2014）。

　　而肇始于20世纪90年代的住房市场化改革从制度层面打破了这一格局，住房正式作为一种商品推向市场，获取住房的方式也由单位分配转向了利用货币在住房市场中进行购买。在这一过程中，原先的"单位公房"以低于市场价的方式出售给干部与职工，市场化改革后所涌现出来的私营企业主、民营企业管理技术人员等"体制外"精英则通过自身的收入购买到高品质的住房。城市居民的住房私有化程度得到了大幅提升，住房成为城市家庭一种重要的家庭财产。一些秉持"市场转型论"的学者认为，住房市场化进程打破了行政权力对资源配置的主导作用，市场主导下的分配机制导致了人力资本和企业家能力回报的提升（Nee，1996；Cao & Nee，2000）。这在住房分层领域集中表现为居民职业与住房获得和住房品质高度相关，拥有较高市场能力的群体可以获得面积大、质量好、地段佳的住房。住房分层成为市场化机制下社会分层的一种表现形式，职业与收入的高低决定了人们的住房地位。而更多的学者则认为市场化改革并没有完全消除政治权力的影响，在改革的进程中存在市场与国家再分配的两种机制（Bian & Logan，1996；Bian & Zhang，2002）。拥有产权的比率从非精英到专业技术精英再向管理精英依次递增（边燕杰、刘勇利，2005），精英群体在城市中拥有更大面积的住房（郑辉、李路路，2009）。父辈的代际累积优势，能够显著影响子代住房产权的获得（谌鸿燕，2017；范晓光、吕鹏，2018）。因此，转型时期中国城市中出现的住房不平等与分层现象，更多体现了权力地位与市场能力的双重累积。

　　不少学者指出，城市居民在住房不平等上所呈现的双重累积，包含着个体、市场与国家的多重要素；以住房资源不平等形成的城市分层体系，体现了国家与市场的双重力量，成为沟通"国家—市场—个人"这一链条的关键因素（李斌，2002，2008；李斌、王凯，2010；Walder & He，2014；Zhao & Ge，2014；Zhao & Zhou，2016；

张海东、杨城晨，2017；吴开泽，2019）。例如，李斌等人从住房市场化改革以来住房资源获得不平等的角度出发，提出了"住房权利转移"的概念，指出财产权利特别是住房权利的转移是改革的动力激发机制，住房权利的变化不仅体现了货币力量、城市居民的职业能力、文化能力和体能特征，还反映了国家政策实行、单位分层以及基层权力惯习的影响，这种国家与市场"双向并行"的特征形成了转型时期城市社会特有的分层机制（李斌，2002，2008；李斌、王凯，2010）。Walder & He（2014）认为，在向市场经济的过渡中，精英群体通常可以将这种改革前的"居住特权"转化为改革后的"所有权特权"。因此，住房所有权成为了解释科层制权力到私有财富转换的一个潜在变量。Zhao & Ge（2014）强调，转型时期个人属性、工作单位特征和市场发展对国家引导的住房福利和市场住房补贴产生了显著影响，同时也给住房不平等造成了多重影响。Zhao & Zhou（2016）则基于实证研究提出，当前中国城市社会的分层秩序已经向市场分割转向。而以住房不平等现象所反映的社会不平等体系，突出反映了转型时期制度分割与市场环境断裂的综合机制。一方面市场化改革打破了科层制体系下的制度壁垒，而另一方面，起步不久的经济改革进程使市场环境和市场制度不够完善，赋予了权力寻租的空间，住房不平等正是这种制度碎片化环境下的一种表现。吴开泽（2019）指出在福利住房体制内居住、教育与职业状况处于优势地位的居民成为改革赢家，这些家庭在住房改革中获取了极大的经济利益，住房由享用的不平等转变为占有的不平等。张海东和杨城晨（2017）总结提出，住房作为一种"连续统"型的工具，集中反映了"结构地位""国家中心"和"历史文化"对于获得住房资源的影响，体现了权力资源、市场能力以及个人禀赋的关键作用，将住房作为一种研究社会不平等的分析和解释框架，具有理论上的重要性和经验上的可操作性，能够反映转型时期的真实社会情况。

三 住房资产不平等：财富分层时代不平等的继续强化

　　财富分配的不平等越来越被认为是 21 世纪社会不平等的重要方面，并带来了各种各样的社会和政治后果（皮凯蒂，2014）。在《21 世纪资本论》中，皮凯蒂通过对 18 世纪以来英法两国资本变迁历史的梳理，揭示出在近 300 年间，农地资本逐渐被建筑、产业和投资于政府组织和企业的金融资本所取代，土地在资本中的比重逐渐降低，资本的属性逐步转为住宅和工业及金融资本模式（见图 2-1 与图 2-2）。由此，皮凯蒂指出，当今资本主义社会不平等的模式已经由职业和劳动收入的不平等向以住房为代表的财富和金融资产占有的不平等转变。另外，一些基于英国的研究表明，尽管 20世纪 80 年代后期是英国房地产市场动荡的时期，但在这一时期住房资产和房地产资本收益却大量集中到了自有住房的业主手中。在1985—1991 年，自有住房者的财富增长率达到了 85.8%。财富分配的不平等现象在房价低迷时期仍显得十分严重，对居民的其他经济行为产生了深远的影响（Henley，1996）；住房资产成为 20 世纪 60年代以来英国众多家庭最重要的财富组成部分，由住房所有权所带来的收益是其他收益的 3 倍多，这种财富增值使得房地产遗产成为一项重要的代际不平等传递机制（Hamnett，1992）。而在美国，1983—1995 年，劳动收入与储蓄收入的增长幅度远远低于股票和房地产价格的增长幅度，导致拥有较多房地产财富的富人群体的财富总额迅速增长，财富增长的不平衡造成了美国社会"富者愈富"的后果（Keister & Moller，2000）。美国家庭财产的占比和组成部分发生了重要变化，房产和不动产的价值从附属地位转变为主导的家庭财富，并拉大了住房自有者与租房者之间、不同世代之间的家庭财富差距（Wolff，1992）。

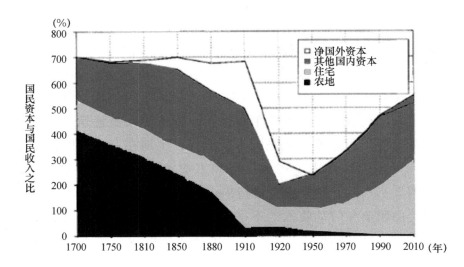

图 2 - 1 1700—2010 年英国的资本状况

资料来源：piketty. pse. ens. fr/capital21c。

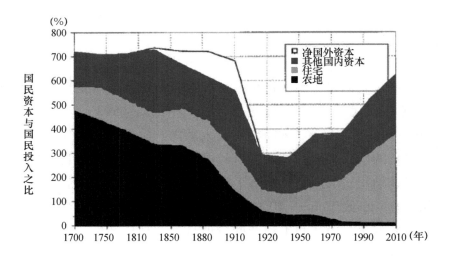

图 2 - 2 1700—2010 年法国的资本状况

资料来源：piketty. pse. ens. fr/capital21c。

对于住房资产差异导致的社会后果，西方学界基本达成了一定的共识。当前越来越多的研究表明，住房资产属性，或是住房资产属性背后具有独立于劳动力市场的生活机会结构（Ansell，2014），在由职业分层转向财富分层的社会下，不但使得住房富有者和住房贫困者之间的财富差距愈发加剧，造成了英美等国家家庭财产基尼系数居高不下，还形成了诸如房地产财富流动影响大学升学率，住房资产增加能够显著增加子女接受高等教育机会等阶层再生产领域的后果（Lovenheim，2011）。住房资产，成为影响住房差异和住房不平等的一个最主要方面，很大程度上取代了职业、教育和收入，转变成决定个人地位的一个颇为关键的要素。

正如前文所述，住房市场化改革将住房推向商品化和社会化市场，开启了住房价格市场化的时代。因此，中国的住房资产不平等，具有明显的政策导向烙印和阶段波动性特点，并可以总结为住房产权化、住房产业化和住房金融化 3 个阶段（吴开泽，2019）。在 1990 年之后的改革初期，以《城市房地产管理法》和《城市房屋权属登记管理办法》为契机，国家初步确立了城市住房产权制度，城市中存在的存量住房可以在市场中明码标价并自由交易，住房开始具有了个人财产的属性和资本化的特征（Davis，2003）。1998 年，国务院发布《国务院关于进一步深化城镇住房制度改革加快住房建设的通知》（国发〔1998〕23 号），文件中提出城镇住房制度改革的指导思想之一是"促使住宅业成为新的经济增长点"，改革的目标是"停止住房实物分配，逐步实行住房分配货币化""发展住房金融，培育和规范住房交易市场"。在这一时期，我国住房销售价格经历了一个平稳上升的过程。具体来说，2000 年全国商品房平均销售价格为 2112 元/m²，其中住宅商品房平均销售价格为 1948 元/m²，别墅、高档公寓平均销售价格为 4288 元/m²；2003 年全国商品房平均销售价格上涨到 2359 元/m²，其中住宅商品房平均销售价格为 2197 元/m²，别墅、高档公寓平均销售价格却下降到 4145 元/m²①。由此可以看出，在改革初期的"住房产权化"阶段，以住房资产差异为代表的财产不平等重新出现，社会差异有所扩大（Davis，2003；吴开泽，2019），住房财产开始成为家庭财富的重要构成，但高档公寓等高品质住房对财富分层的效果仍然有限。

2003 年，以《国务院关于促进房地产市场持续健康发展的通知》（国发〔2003〕18 号，以下简称《通知》）文件为标志，我国住房市场开始进入房地产大幅扩张的"住房产业化"时期。《通知》中强调，"要充分认识房地产市场持续健康发展的重要意义""坚持住房市场化的基本方向，不断完善房地产市场体系""要根据市场需求，采取有效措施加快普通商品住房发展，提高其在市场供应中的比例"。房地产被政府视作"国民经济支柱行业"和重要的经济增长动力（吴开泽，2016，2019）。城市化进程的高歌猛进，农民的进城和城市人口的流动给房地产创造了巨大的市场需求。而政府采取的土地制度变革和住房改革互动措施使得"土地财政"成为城市地方政府的"钱袋子"（刘守英，2018），更是在政策层面上为房地产市场的繁荣"保驾护航"。同时，这一时期，单位福利分房制度基本消失，绝大多数居民需要运用货币手段在市场中购买或租用住房，住房的市场需求进一步扩大。这一巨大的需求刺激了商品房价格的迅速上涨。国家统计局的数据显示，2004 年全国商品房平均销售价格为 2778 元/m²，同比 2003 年增幅达到了 17.76%，远远超过 2000—2003 年的价格增长速度。此后到 2008 年，房地产市场价格一直保持较为稳定的增幅。房地产市场的繁荣以及房产价格的持续上升使住房资产扩大不平等的效用进一步增强，特别是在城市有房者与无房者之间、一套房家庭与多套房家庭之间的财富鸿沟进一步显现。住房成为收入、财产与社会分化的助推器，在福利住房体制下

---

① 本部分及下文数据来源于国家统计局网站，http://data.stats.gov.cn/easyquery.htm? cn = C01。

的住房产权不平等转化为住房财产不平等（陈钊、陈杰、刘晓峰，2008）。

2008 年以来，爆发于美国的次贷危机引发了国际性的经济金融危机。为了应对经济下行的现实风险，一方面国家在投资领域采取财政刺激政策，加大货币投放刺激经济；另一方面继续放宽土地抵押融资，增加房地产开发投资和基础设施建设投资（刘守英，2018）。房地产市场进入了"住房金融化"阶段（吴开泽，2019）。这一阶段，由于城市化的模式由土地出让转为土地抵押融资以及城市拆迁成本的不断上升，导致了政府土地出让价格居高不下，进一步刺激了房地产价格的上涨。促进住房消费的优惠政策以及土地出让、房产税收等机制也导致房价上涨（李斌、王凯，2010）。国家统计局数据显示，2009 年全国商品房平均销售价格为 4681 元/m^2，其中住宅商品房平均销售价格为 4459 元/m^2，别墅、高档公寓平均销售价格为 9662 元/m^2，分别比 2008 年上升 23.18%、24.69% 和 23.86%。到了 2017 年，上述三种住房价格分别上涨至 7892 元/m^2、7614 元/m^2 和 14965 元/m^2。房价上涨幅度超过居民收入的增长幅度，通过房价上涨获得的收益超过了工资性收入带来的收益（何晓斌、夏凡，2012；张传勇，2018）。再者，由于银行和金融机构对住房信贷的宽松政策，使越来越多的城市居民将购买住房作为一种投资和家庭财富保值增值的手段，"炒房"投机现象反映了住房的投资属性越来越被居民所重视，住房作为一种重要的投资品和金融品被赋予了特定的财富属性（杨赞、张欢、赵丽清，2014；张海东、杨城晨，2017），住房市值所代表的房地产财富成为城市居民重要的财富来源（黄静、屠梅曾，2009；张文宏、刘琳，2013）。在这一时期，住房资产的升值与分化的表现机制是职业地位高、在住房改革后积累起财富的富裕家庭能够通过住房投资获得更快的财富增长速度（吴卫星、邵旭方、陶利斌，2016），社会财富从无房者向多套住房者、从后获住房者向已获住房者转移（吴开泽，2019），家庭财富基尼系数位于 0.51—0.53 的高位，财富分配极其不平等（Xie &

Zhou，2014）。住房资产不平等既成为改革初期社会不平等的后果，又成为形成与固化新的社会不平等的一项机制和原因（张海东、杨城晨，2017）。

第二节　国内外学者对住房资产效应、"房奴效应"与金融化后果的分析

一　住房财富效应：财富增值下"富者愈富"的形成机制

财富效应（wealth effect）指由于货币政策实施引起的货币存量的增加或减少对社会公众手持财富的影响效果，即人们的资产越多，消费意愿越强。它是现代社会发展过程中提出的新理念，是指某种财富的累积存量达到一定规模后，必然产生对相关领域的传导效应或者是控制效应。住房价格上升造成的消费增长即住房的财富效应（陈峰、姚潇颖、李鲲鹏，2013）。在当今全球资本社会住房金融化的背景下，住房资产是城市居民家庭财富最重要的构成部分之一，住房价格的上涨将为居民带来巨额的财富收入，住房价格暴跌导致负债家庭出现去杠杆化行为则会引发家庭财富的巨额缩水，例如美国"次贷危机"导致全美市场的消费疲软（Dynan，et al.，2012）。因此，住房财富效应与人们的生活密切相关。

国外对于财富效应的研究起源于持久收入理论（Permanent Income Hypothesis，PIH）（Friedman，1957）和生命周期理论（Life Cycle Hypothesis，LCH）（Modigliani & Brumberg，1954）。PIH理论指出理性消费的个体可以依据长期可持续的收入水平做出消费决策，而不完全依赖于现期收入；LCH理论则认为个人会依据一生的收入来管理自身的储蓄与消费使其达到平衡状态。在住房财富效应的研究中，Ludwig & Slock（2002）的研究具有代表性，他们在对经合组织国家房价的研究基础上，提出住房的财富效应可以细致分为可兑现的财富效应、未兑现的财富效应、流动性约束效应、预算约束效

应、替代效应和信心效应 6 种不同的效应。因此，财富效应具有不同的传导方向、发生倾向和作用效果，是一种复杂的作用机制。部分基于 LCH 理论的研究认为个人支出与财富变化之间的敏感性较弱，主要原因是住房等非金融财富难以转化成现实的购买力，因此不足以增加消费者的心理预期（Elliott，1980；Levin，1998）。大多数美国家庭将 2/3 的家庭财产投入住房资产中，却由于住房服务价格的上涨使得他们难以得到合理的回报（Tracy，Schneider & Chan，1999）。

当然，多数国外的实证研究从不同角度证明了住房具有正向的财富效应。其中一部分研究运用数学与经济计量学模型论证了住房财富效应的结果和测度大小（Mehra，2001；Thomson & Tang，2004；Edelstein & Lum，2004；Dvornak & Marion，2007）。例如，Mehra 利用时间序列模型将美国居民的支出劳动收入、企业权益和非权益净值联系起来，证实财富对消费支出有显著的影响，但长期的边际消费倾向较小，财富增长的长期边际效应点估计值预计在 0.03—0.04 的狭窄区间内；Thomson & Tang 使用动态广义最小二乘法框架研究了住房资产和金融财富的变化对家庭消费的影响。他们发现，住房资产每增加 1 美元，消费就会增加 6 美分，这种效应是金融财富的 3 倍。区别于其他私有住房为主体的市场，Edelstein & Lum 研究了以公共住房为主的新加坡住房市场的财富效应，结果表明私人住宅价格的变化对总消费没有显著影响。相比之下，公共住房财富效应更大、更持久。Dvornak & Marion 基于澳大利亚住房与股票市场，利用面板数据和固定效应模型估算了住房财富效应，其得出的结果与 Mehra 的研究基本相同。另有一部分研究则对住房财富效应与金融、股票等财富进行了横向对比，并分析了其中的机制（Benjamin et al.，2004；Case et al.，2005；Peltonen et al.，2012；Khalifa et al.，2013）。Benjamin 等人的研究指出，房地产财富效应要明显大于股票等金融资产的财富效应。Case 等人利用 14 个国家 25 年的面板数据发现房产财富效应显著存在，且房产的边际消费倾向要高于股票等金融资产的边际消费倾向。Peltonen 等人估计了多个新兴经济体国家的财富效应，发现拉美国家住房财富效应较小，而亚洲国家住房财富效应有了明显的增长，而那些收入和经济总量都位于较低水平的新兴经济体国家的住房财富效应更大。Khalifa 等人则关注了住房资产对于不同收入水平家庭的效应差异。他们使用阈值估计技术发现住房资产对消费的促进作用在两个阈值上存在明显的区别，低收入家庭的住房财富效应更为明显。

由于住房市场化改革以来住房成为城市居民的刚性需求，房地产价格的上涨也使房产成为家庭资产的重要组成部分（甘犁等，2012），而财富效应又与研究居民消费长期演变特征、家庭财富增长趋势与投资策略，以及房地产市场宏观发展趋势密切相关，因此近年来成为国内经济学和金融学研究的重点领域，取得了较多的研究成果。在这些研究中，虽然部分学者对我国社会中是否存在财富效应进行了争论和探讨（颜色、朱国钟，2013；李涛、陈斌开，2014；李江一，2017），但仍有较多的学者运用了科学的数理模型和统计技术，证实了随着我国经济增长和居民收入的增加，房地产财富对居民消费的影响不断增长的正向财富效应的判断，这也成为一段时间内经济学界的主流判断（宋勃，2007；王子龙、许箫迪、徐浩然，2008；黄静、屠梅曾，2009；王柏杰、何炼成、郭立宏，2011；王翌秋、管宁宁，2019）。其中一些研究主要以更为科学的方法和技术来证实住房财富效应确实存在，例如宋勃（2007）与王子龙（2008）的研究都从经济学模型中确认了房地产财富对居民消费的影响不断增强，"预期"房地产财富对居民增加日常消费的因果关联，骆祚炎（2007）的研究认为住房资产的财富效应略大于金融资产的财富效应；一些研究关注了不同住房数量、收入水平家庭和不同地域之间住房资产的联系和区别。例如陈峰、姚潇颖与李鲲鹏（2013）的研究指出，房价上涨下的家庭收入与消费呈现一种"U"形曲线关系，中高收入家庭消费增加，高收入与低收入家庭则消费下降，此外东部地区与中西部地区在财富效应上也存在本质区别；张浩、易行健与周聪（2017）的研究则指出相对于单套房的家庭来说，多套房家庭的住房财富效应更为明显，房地产消费属性的提高会降低其财富效应，这一研究反映了房地产财富具有明显的"富者愈富"的"累积效应"，成为财富增值环境下不平等的构造机制；王柏杰、何炼成与郭立宏（2011）的研究指出，从地区效应来看，房价较高的省市并未体现出较高的消费效应。

综观上述关于住房财富效应领域的研究，笔者认为其内容丰富翔实、方法科学合理，从经济学学科视角多方面阐释了中国住房财富效应的方向、效果与机制，但在财富效应产生的社会后果方面涉足较少，即社会学学科在此领域的研究需要进一步拓展。例如，现有的研究多以家庭总体消费或一般生活性消费增加的角度作为财富效应的研究基点，而有的研究也关注到财富效应对于家庭教育、旅游等开支的影响。住房资产的增加能够有效缓解信贷约束、增加教育开支，而且这种效果比非住房资产更为明显（陈永伟、顾佳峰、史宇鹏，2014），家庭住房资产增加显著地提升了家庭的旅游消费支出，房产对于旅游消费的影响主要表现为财富效应（张传勇、王丰龙，2017），多套房家庭住房财富效应对于家庭旅游支出增长作用更强（谢佳慧、张良，2018）。这些研究点明了在住房资产机制下所产生的意外不平等现象，以及不平等在家庭、代际传递与固化的可能性。还有的研究关注房价对于女性参与劳动决策的深层影响。吴伟平、章元和刘乃全（2016）的研究指出，女性参与劳动的持续走低与房价高涨带来的家庭财富积累与再分配具有密切关联，房价上涨能够降低女性参与劳动市场的概率，而对于无房家庭来说，则推升了女性参与劳动市场的可能性。因此，房价上涨所带来的财富效应在有房家庭和无房家庭之间形成了不同的心理机制，进而影响了劳动力决策和资源配置，也就形成了劳动力市场的不平等。上述这些颇具"社会学意味"的研究启示笔者，住房资产所形成的财富效应，可以成为社会不平等研究中一个较新的领域；财富效应所依赖的形成机制，也应当和职业、阶层等社会学研究的变量密切相关。

二 "房奴效应": 抵押负债下 "贫者愈贫" 的表现形式

顾名思义, "房奴" 意思为房屋的奴隶。这是指城镇居民抵押贷款购房, 在生命黄金时期中的 20—30 年, 每年用占可支配收入的一半甚至更高的比例偿还贷款本息, 从而造成居民家庭生活的长期压力, 影响正常消费。购房影响到自己教育支出、医药费支出和扶养老人等, 使得家庭生活质量下降, 甚至让人感到奴役般的压抑。为此, 学界将这种在房价上涨时期, 居民为了购房或偿还房贷而压缩日常消费的现象称为 "房奴效应" (颜色、朱国钟, 2013)。在房地产市场中, "房奴效应" 和 "财富效应" 往往同时存在。

"房奴效应" 的形成直接原因是住房价格增长幅度与居民人均收入增长之间的差值过大, 且呈现出一种不合理的状态。有研究就从体现居民对于住房购买力的房价收入比的角度, 测算了 2004 年北京市居民的房价收入比, 结果发现不同阶层的住房购买力存在明显的差异, 低收入阶层的购买力明显不足 (李爱华等, 2006)。而 2008 年以后房地产价格的进一步上涨更加剧了房价与收入之间的 "剪刀差", 这种差距在北京、上海等特大城市表现得更为明显。笔者以上海为例, 呈现了 2008—2016 年上海商品房平均销售价格和人均可支配收入情况 (见图 2 - 3)。从图中可以明显看出, 虽然人均可支配收入保持在一个稳定的增幅, 但同时住房价格也呈现出快速上升的趋势。2016 年上海城镇居民人均可支配收入为 57692 元, 住宅类商品房平均销售价格为 34462 元/平方米。如果按照夫妻双方购买 70 平方米的住房测算, 则需要支付近 21 年的可支配收入。由此可见, 住房经济压力对于中国城市居民, 尤其是特大城市居民的经济负担非常沉重, 日益上涨的房价使居民在购买住房前需要进行长时间的储蓄, 或在偿还房贷的过程中日益挤出、侵占了他们的日常消费, 因此也被称为 "抵押负债效应" "挤出效应" (谭政勋, 2010; 颜色、朱国钟, 2013)。这种 "房奴效应" 不仅加重了居民的生活负担, 还给他们及其家庭带来了沉重的心理压力，加大了社会的不公平感。

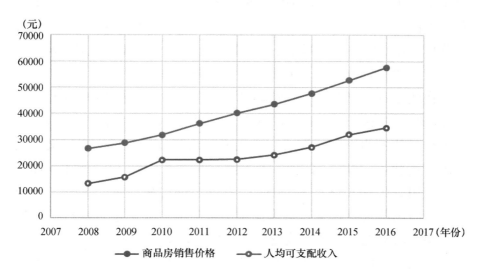

图2-3 上海住房价格与人均可支配收入变化趋势

资料来源：上海市统计局上海统计年鉴，http：//tjj. sh. gov. cn/html/sjfb/tjnj/。

由于在住房体制与政策、房地产市场运行机制、居民储蓄和消费习惯等多方面存在的不同，国外特别是西方学界对于"房奴效应"的关注较少，少数研究注意到了房地产财富效应具有不对称性，房价上涨可能会轻微抑制消费（Engelhart, 1996；Phang, 2004），家庭对于住房投资占用了较多的财富，而且贷款影响了家庭金融流动性，从而抑制了家庭的消费支出（Campbell & Cocco, 2007；Muellbauer, 2008），但总体而言，"房奴效应"并不是国外学界研究的主流。但对中国而言，特别是2008年以后房地产价格持续上升以来，高涨的房价对消费的挤压越来越受到经济学界的关注。谭政勋（2010）首先关注到了中国住房价格上涨加大了贫富差距，而由于富裕阶层的边际消费倾向较低，导致社会消费能力降低，因此住房价格上涨对消费具有"挤出效应"。颜色和朱国钟（2013）通过构建生命周期模型发现，青年无房阶层受到房价上涨的影响最大，他们为了早日实现买房，被迫加大储蓄、压缩消费，成为名副其实的"房奴"，而对于中老年群体来说，这种效应更多地体现为"财富效应"。由于颜色、朱国钟的文章在科学模型基础上提出了"房奴效应"这一概念，并分析了住房两种效应对于不同阶层、不同年龄段群体的不同作用，这也成为"房奴效应"研究中的一篇经典文献。

在此之后，国内经济学界掀起了一股研究"房奴效应"的高潮。部分研究关注这一效应在不同城市、不同地域之间产生效果的差异，并解释了其中的机制（鞠方、雷雨亮、周建军，2017；余华义、王科涵、黄燕芬，2017；汪伟、刘志刚、龚飞飞，2017）。例如，鞠方等人利用 2002—2013 年全国 31 个省区市的面板数据，考察了房价波动对居民消费的影响。结果证实房价波动对住房消费具有明显抑制作用，西部地区的抑制效应最为明显；余华义等人基于 35 个大中城市的面板数据对高消费水平和低消费水平两类城市进行了分类研究，结果发现低消费水平城市具有"住房负财富效应"，房价上涨挤压了这些城市居民的生存型消费和发展型消费；汪伟等人同样基于对 35 个大中城市面板数据的研究，发现房价上涨对交通通信、教育文化以及医疗保健支出的影响具有明显的差异性，房价上涨对东部地区和西部地区居民的消费支出具有明显的抑制作用，而对中部地区作用不明显。部分研究侧重了"房奴效应"对家庭行为和消费结构的影响（姜正和、张典，2015；张传勇、王丰龙，2017；赵振翔、王亚柯，2019）。姜正和、张典关注不同家庭对于住房负债风险的不同偏好，并指出住房负债削弱了风险厌恶家庭的消费水平，尤其是降低了这些家庭的精神性消费，张传勇和王丰龙的文章认为家庭的住房负债挤压了教育支出，降低了家庭新兴消费；赵振翔和王亚柯则研究了购房前后家庭消费和储蓄行为的变化，发现"房奴效应"的影响是阶段性的，购房前表现最为明显，各项消费尤其是耐用品消费大幅降低，购房后储蓄和耐用品消费缓和，但教育文化支出仍然减少。还有的研究则特别关注了"房奴效应"对无房家庭的影响（毛中根、桂河清、洪涛，2017；颜建晔、张超、祝伟，2019）。毛中根等人的研究认为房价上涨对无房城镇家庭的影响最大，颜建晔等人的文章也发现房价上涨会显著增加无房家庭的购房压力，可能产生明显的消费挤出。上述这些研究都从某些角度证明了住房负债对于中西部地区、无房家庭具有更为消极的影响，形成了一种"贫者愈贫"的表现形式。

较为遗憾的是，与住房财富效应研究相类似，这些经济学领域的研究或是对职业、社会阶层、教育程度等社会属性缺乏关注，或是较少从这些方面加以解释，这就很可能忽略了社会结构以及人的阶层地位对于"房奴效应"的机制性影响，而这正是住房不平等的另一大重要方面。在社会学领域的研究中，现有的与"房奴效应"相类似的研究集中于住房贫困所形成的不平等对社会结构所产生的影响。其一是关注了住房贫困对于阶层再生产的机制效用。例如，住房贫困家庭儿童学业受到了负面影响，成为阶层再生产的一个重要物理机制（黄建宏，2018b），青年群体的住房贫困与收入贫困密切相关，亦是再分配不平等的产物，这种住房贫困直接导致他们市场能力的剥夺感（吴开泽、陈琳，2018；黄建宏，2018a）。其二是点名了"房奴效应"可能引起社会层面的心态和认同的变化。例如，不断上涨的房价导致青年群体产生"住房拜物"情绪，将自己的家庭和后半辈子与住房捆绑在一起，形成了对住房的焦虑感（闵学勤，2011），住房贫困家庭或是无房家庭充满了对有房家庭的羡慕，对自身处境不断哀叹，而住房又往往成为婚姻匹配的重要考量因素。因此这就造成了社会阶层认同的定型化以及社会阶层存续的定型化（刘升，2014）。这些研究都提示笔者，住房负债以及住房贫困对日常消费、精神文化消费和教育消费等产生的挤压，可能成为影响阶层地位感知、阶层生产等不平等形成的重要效应。因此，"房奴效应"以及由此所形成的后果，可以也应当成为社会学住房不平等领域研究的重点关注对象。

三 住房金融化：住房不平等的助推力

在最基本的层面上，金融化（financialization）是指在经济和金融机构中，参与金融活动的动机对金融市场和金融参与者的作用和影响（Epstein，2005）。具体来说，金融化需要通过金融手段获取利润的积累和增加，如利息、股息和资本利得，而不是通过贸易、商品的生产，或非金融服务（Krippner，2005）。金融化通常反映在金融部门在 GDP 中所占份额的增加，对当前股东回报的持续增加，以及家庭债务的增加（Stockhammer，2013）。这一术语还包括非金融企业对金融部门的更大依赖，包括获取资本以及对金融资产和子公司的投资（Orhangazi，2008）。而住房金融化，简单来说就是住房的属性从单纯的居住属性，演变成了具有投资和金融等属性的复杂商品。20 世纪 70 年代不仅出现了商业银行的新业务，而且非银行机构和混合贷款机构兴起，导致金融业的增长越来越超出监管范围。而 20 世纪 80 年代以来，由于西方发达国家"去工业化"和金融业的蓬勃发展，股票、基金、债券等各种金融衍生品蓬勃发展，金融市场对经济、政治和社会发展的影响日益增长（French et al.，2011）。在此过程中，住房也成为一种复杂的金融品，在 2008 年的国际经济危机中，显示了使世界经济陷入瘫痪的能力（Pattillo，2013；吴开泽，2019）。

金融化的概念为分析垄断资本主义的当代动态提供了新的依据，众多国外学者在分析社会金融化机制的基础上对其进行了深刻的批判。皮凯蒂（Piketty，2014）在对国民收入增长进行研究后发现，资本收益率远高于劳动产出的增长率是财富分配不平等的最重要原因。凯恩斯主义也认为，金融化是资本主义社会发展的一个过程，既有积极的一面，同时存在消极的一面（Vereclli，2004）。工业产业利润率的下降和金融化增加了社会生产的成本压力，这导致了收入不平等由劳动者劳动付出的差别向食利者阶层转移（Van Arnjm & Naples，2013），金融化技术和手段造成了收入不平等的恶性循环

（Lake，2015）。在住房金融化领域，有学者指出政府是推动住房金融化的重要力量，其目的是获得抵押贷款增加收入，从而应对财政赤字和社会管理成本（Quinn，2010），或是通过金融化技术，将移民汇款等收入输送到房地产和金融部门创造收益（Zapata，2013）。而随之带来的不平等更存在于住房金融化中重要一环——住房信贷中，且更为隐秘。虽然现代形式的信贷已发展为对经济交易预付金额的限制（Vereclli，2004），但部分学者指出，住房抵押贷款中评估体系存在明显的种族偏见和地位歧视。以美国为例，不平等的信贷融资制度使得非洲裔美国人和其他少数族裔群体在住房信贷中需要付出更多首付、承担更高的利率（Stuart，2003；Pattillo，2013），这使他们很难获得优质信贷，而对住房的刚性需求又迫使他们转向剥削程度更高的次级住房市场，进一步加重了少数族裔的经济负担（Rugh & Massey，2010）。

这种以信贷和融资制度不平等为核心的住房金融化还在宏观层面上创造着不平等，改变着社会结构。金融化推动了社会内部债务的增长，而对于贫困地区和社区来说，这种债务将更高，这就导致了社区层面的两极分化，即由信贷引发的房地产泡沫推高了居民的进入成本，维护了金字塔顶端金融食利者的利益（Walks，2015）。金融化在家庭、再生产和生活领域引入了自身的封闭性，住房从一个提供消费和居住的容器过渡到了一个供进一步积累财富的场所。金融化的进程使家庭不再是一个温情的避风港湾，而是无情世界的财富投机对象。这种封闭将危及私人生活的神圣承诺——不受市场需求干扰的私人生活，以及与安全的中产阶层社区相关的独立性（Bryan et al.，2009）。金融失衡问题与信贷循环机制之间又存在着密不可分的联系，信贷循环从全球经济盈余向赤字两极循环，最终导致了美国经济危机前房地产市场的繁荣（Lucarelli，2012）。上述这些研究从微观层面证实了住房金融化对收入不平衡的马太效应，从宏观层面警示了在金融扩张环境下社会不平等发生的重要改变（Bin，2016）。

在经历了住房产权化、住房产业化后，中国于 2009 年前后进入了住房金融化阶段（吴开泽，2019）。1994 年开始的分税制改革加大了中央对地方的税收征取，土地的征收与出让成为地方政府税收与财政的主要来源（孙秀林、周飞舟，2013）。而为了应对金融危机对经济形势和政府收入的重要影响，政府部门进一步加大了对房地产等基础设施的投资，放宽了对土地融资的限制，成立了多个以土地抵押为基础的融资平台，地方政府的财政模式由"以地发展""以地生财"转向了"以地融资"，实现了土地的金融化，显示出明显的"土地财政"状态（刘守英，2018）。2012 年之后，土地抵押贷款和土地抵押面积显著增长，抵押贷款规模也大幅上升，地方弥补城市人口增长带来的公共服务需求越来越依靠土地融资（付敏杰、张平、袁富华，2017）。土地金融发展推动政府用于抵押和融资的都是价格最高的住宅用地和商服用地，这也就造成了房地产市场价格的持续上升。土地成为政府融资的重要信托、保持房地产价格稳中有升成为城市发展的重要推动力，这是中国住房金融化的一大主要特征（吴开泽，2019）。与此同时，政府通过出台各种优惠政策拉动居民对房地产的需求，在"幕后"推动房价上涨（李斌、王凯，2010），富裕阶层在房价高速上涨的刺激下加大了对住房的投资与投机性行为，政府、金融机构与个人一道，推动了住房金融化程度的进一步加深（刘升，2014）。

住房金融化的第二个特点是房地产企业开发和居民购房资金均高度依赖于金融信贷（吴开泽，2019）。作为典型的资本密集型企业，房地产企业从土地竞拍到住房建设，其资金都需要大量银行借贷，而银行的信贷政策将影响房地产企业的资金流和开发规模（黄珺、黄妮，2012）。数据显示，2017 年年末，全国主要金融机构（含外资）房地产贷款余额 32.2 万亿元，同比增长 20.9%。其中，个人住房贷款余额 21.9 万亿元，同比增长 22.2%。一些房地产企业负债率较高，偿债压力较大（中国人民银行，2018）。在金融信贷的作用下，房价波动具有典型的信贷周期特征，即房价上升拉动信用扩张，而信贷扩张又推动房价上涨，两者相互驱动（谭政勋、王聪，2011）。对于城市居民来说，住房改革改变了他们获取住房的方式，货币手段成为大多数人购买住房的主要渠道，住房信贷成为普通家庭融资的最主要渠道。但是，和国外研究相类似，其中就包含了不平等的融资方式和信用评估体系。一方面，我国实行的住房公积金制度是个人与单位对等缴存的长期住房储蓄，在职工购买住房时可以直接提取公积金账户作为购买资金。而党政机关、国有企业、大型垄断私企和外企的职员可以依靠单位缴存并获得额度较大的住房公积金，较大减缓了这一群体的购房压力（李斌，2002；王宁、张杨波，2008）；另一方面，居民获得银行商业贷款的额度、利率、首付门槛也与其职业和工作单位密切相关，且与公积金储蓄额度直接关联，职业地位较高、工作单位较好、家庭财富充裕的家庭往往能以更低的利率获得更多的贷款，从而购买更多的投资性房产，而低收入家庭往往需要支付更多的首付和贷款利率，这就形成了住房信贷的一种社会排斥机制（李斌，2002）。因此，住房贷款对于不同家庭的消费挤出效应也完全不同，房贷负担比较高的家庭消费挤出现象严重（李江一，2017），住房负债显著削弱风险厌恶家庭的消费，却增加了风险偏好家庭的日常支出（姜正和、张典，2015）。

在现阶段，住房金融化所引发的社会后果成为社会不平等的助推力。高收入群体和财富拥有者可以利用金融杠杆获取更多的投资性房产（陈钊、陈杰、刘晓峰，2018），而住房差异可以通过住房产权滋生的资产性收益渠道和住房市值变化带来的潜在收入渠道加剧家庭收入不平等（张传勇，2018），使得富裕家庭财富实现自我放大，加剧了家庭财富不平等的程度（吴卫星、邵旭方、陶利斌，2016）。房地产成为社会增量财富的分配机制，社会财富由无房、少房者向有房、多房者转移（吴开泽，2019），住房富有者因住房更加富有（胡蓉，2012），在财富分层的社会体系下成为社会分层的重要指标和影响阶层认同的十分关键的因素（李骏，2017；张海东、杨城晨，2017）。

第三节　国内外学者对获得感、社会心态与住房不平等之间联系的探讨

一　获得感：转型变迁视角下社会心态的"中国概念"

20 世纪 70 年代末开启的改革开放和市场化的历程使得中国社会各领域发生了翻天覆地的变化，创造了举世瞩目的奇迹。在经济增长、人民生活水平提高的同时，计划经济体制下的社会结构发生了明显的变化，社会结构变得日益复杂和多样，从而成为名副其实的复杂社会（张海东等，2019：10）。社会分层多元化、社会流动复杂化、社会差异扩大化，分配不公、贫富差距、贪污腐败、道德滑坡、生态恶化等问题映入人们的眼帘，极有可能消解居民对深化改革的信心和认同（鲍磊，2019）。2015 年 2 月，习近平总书记在中央全面深化改革领导小组第十次会议上提出"要把改革方案的含金量充分展示出来，让人民群众有更多获得感"（中共中央宣传部，2016），在随后党的十八届五中全会上，习近平总书记正式提出了坚持共享发展的理念，要确保"使全体人民在共建共享发展中有更多获得感"（党的十八届五中全会公报，2015），为新时代人民美好生活的向往提供了根本遵循。之后的历次重要会议和讲话中，习近平总书记多次使用这一概念，各类新闻媒体、政府部门负责人以及学者也广为使用，成为社会的热点议题。

在获得感的提出上，众多学者指出，这一概念是在落实全面深化改革、转变经济发展模式、实现共享发展的转型背景下提出的，具有明显的中国特点和时代内涵（曹现强、李烁，2017；郑风田、陈思宇，2017；齐卫平，2017；潘建红、杨利利，2018；田旭明，2018；项军，2019）。面对社会上出现的一些问题和焦虑不满情绪，获得感的提出明确了发展和改革的目标、落脚点和突破口（曹现强、李烁，2017），指明了改革发展"为了谁"，即必须增进人民福祉、

促进人的全面发展为落脚点。获得感是社会发展最优的衡量标准，是检验改革发展成败的试金石（郑风田、陈思宇，2017），反映了中国共产党执政的价值诉求，是发展与改革的奋斗目标动力源泉（齐卫平，2017）。获得感的提出反映了历史唯物主义人民史观、为人民服务的历史传统和新时代改革发展的现实情况的有机统一（潘建红、杨利利，2018），和中国共产党治国理政能力与公众获得感的内在统一（齐卫平，2017），彰显了新时代共产党"为人民谋幸福"的初心以及"以人民为中心发展理念"的时代性、务实性、全面性和可持续性（田旭明，2018）。因此，获得感的提出，首先是一个政治领域的概念，同时也是社会转型变迁视角下的一个学术概念。

在获得感的概念与定义上，当前学界还没有达成共识。有学者从词汇构成的角度出发，认为"获得感"包含了"客观获得"和"主观感受"两个层面（黄东霞、吴满意，2017），获得感的基础是客观获得，两者之间具有递进的关系（宁文英、吴满意，2018；项军，2019）。有的学者强调"获得感"是一种主观感受和体验，具有一定的主观性，是一种可以被感知到的幸福感，主观体验是基于一种"得到"，不仅仅物质上的，还有精神、文化等多方面的"得到"，具体而言，这种"得到"可以是个体现实生活的改善（比如物质生活水平的提高、精神生活的丰富与提升等），可以是对改革发展带来的物质利益与基本权益的获得的感受，还可以是享受改革发展成果多寡和对于成果享受的满意程度（辛秀芹，2016；郑风田，2017）。因此，不同于"幸福感"和"满意度"，它是个人或群体在改革发展前后，对自身客观收益得失的主观评价，强调的重点是结果。而正因为获得感更强调结果，所以其相比于幸福感而言，更具有客观性。同时，获得感不应该只涵盖"绝对获得"，还应当包括"相对获得感"，因为这当中有一部分人因为分配不公、贫富差距等问题产生了"失落感""相对剥夺感"，这些负面情绪很可能消解人们的"获得感"（曹现强、李烁，2017）。

由于在概念和内涵上没有取得一致，当前学界对于获得感的测量和指标体系的建构也存在诸多范式和方法。其一是通过反映受访者客观获得与主观感受的自陈量表形式测量获得感（唐有财、符平，2017；冯帅帅、罗教讲，2018；袁浩、陶田田，2019；项军，2019）。这类研究通常以"至今为止，您是否得到了满意的东西""您认为你的社会地位处于哪个等级上""您是否得到了相关的帮助"等问题反映居民的获得感。其二是在理论或经验层面将获得感划分为不同的维度，并分别进行测量（李斌、张贵生，2018；吕小康、黄妍，2018；文宏、刘志鹏，2018；王浦劬、季程远，2018；王恬、谭远发、付晓珊，2018）。这类研究通常将获得感划分为"政治获得感"、"经济获得感"和"民生获得感"，或"横向获得感"和"纵向获得感"，或是"个人发展感""社会安全感""社会公正感"和"政府工作满意度"等。由于测量维度的不同，上述这类研究包含了相关的指标体系。其三是构建了获得感的心理学进路和心理学结构体系（谭旭运等，2018；董洪杰等，2019；王俊秀、刘晓柳，2019）。这些研究关注获得感在日常生活中对应的相关词汇和情境，试图通过运用心理学量表和统计分析技术总结并归纳获得感的结构和测量体系。

由于获得感作为一种主观感受，因此在影响因素方面是多方面、难以全面囊括的，而且个体的感受千差万别，对获得感的感知也随着时间推移和社会变迁发生变化。现有研究对获得感影响因素的侧重点也有所不同，大多是从群体差异、地位分层、排斥融合等社会指标出发加以研究。例如，当前诸多研究证实了个人或家庭的经济地位对获得感产生了显著影响（冯帅帅、罗教讲，2018；袁浩、陶田田，2019），家庭或个人的收入越高，其获得感就越强。这与获得感所强调的"获得"直接相关。有些研究关注个人或群体的不同特征对获得感形成的差异性影响，例如有研究表明分属不同单位类型、城乡和区域的群体而言，同样的客观"获得"对主观"获得感"的提升存在显著差异（项军，2019），青年群体的获得感受到性别、户口类型和教育程度的影响（谭旭运等，2018），农村居民和西部居民的宏观获得感更强（文宏、刘志鹏，2018）。还有的研究从具体的某个角度探讨获得感的影响因子，例如，唐有财和符平（2017）认为政治信任对农民工群体的获得感和权益表达具有直接影响；袁浩和陶田田（2019）的研究指出日常生活中，互联网能够帮助人们获得经济收入和物质利益，促进其社会融入，因此互联网使用程度越频繁，居民的获得感越高；李斌和张贵生（2018）从居住空间和公共服务的角度出发，指出公共服务生产能力对社区居民的获得感具有正向作用。上述研究都为笔者分析获得感的构成和影响因素提供了重要借鉴。

值得注意的是，在党的十九大报告中，习近平总书记提出"使人民获得感、幸福感、安全感更加充实、更有保障、更可持续"。中央文件与领导人讲话将获得感与幸福感和安全感相并列，说明这一概念在内涵上发生了一定程度的改变和提升。获得感与幸福感、安全感主观期待与客观获得、实际享有的生活条件的关系，在主体需求和期待基点上具有主客观一致性和逻辑顺序（徐斌，2017），它们集中体现了社会的快速变化在不同时期带来社会需要、社会认知、社会情绪、社会价值观等各方面的需求，都属于社会心态的范畴，而且三者之间存在相关关系（王俊秀、刘晓柳，2019）。这些概念均是人民群众对改革和发展成效最为直接、最为稳定的判断和感受（鲍磊，2019）。因此，作为讲好"中国故事"、体现"中国经验"的"中国概念"，学界尤其是社会学领域对获得感的研究不能离开幸福感、公平感、安全感、阶层认同等相应社会心态领域的有益参考和借鉴，在注重中国特色的同时应当做到学理性和现实性的有机统一。

二 "和而不同"的社会心态：幸福感、公平感与主观地位认同

如前文所述，作为一种社会心态，获得感与其他概念之间存在紧密联系，也有一定区别。在本部分，笔者通过对幸福感、公平感与主观地位认同的简要综述，为下一步研究奠定基础。20世纪50年

代以来，国际学界掀起了对于幸福感（subjective well‑being）的研究，取得了诸多重要成果。由于幸福感被视作一种个体对生活的积极评价或肯定态度（Veenhoven，1991；Diener，2000），因此在较高的社会经济地位会导致较高的幸福感上形成了广泛的共识（Davis，1984）。其中，较多的学者从收入或金钱的因素出发，指出幸福感与收入水平之间具有直接关联，居民生活的地区越富裕，其幸福感越高（Diener et al.，2000；Stevenson & Wolfers，2008；邢占军，2011）。教育作为社会分层的另一项重要指标，也成为幸福感的一种作用机制。一种观点认为，人力资本与文化资本的提升显著提高了人们获得优越经济资源的可能性，因此也会提高个体的幸福感（Frey & Stutzer，1999；Tsou & Liu，2001）。另一种观点认为，教育程度高能使个体产生更多的优越感，而当其遭遇困难或危机时，其幸福感往往下降（Wilson，1967；Clark & Oswald，1994）。还有诸多研究从个体特质、生命历程、健康状况、社会资本等非经济性的、社会机制性的因素出发，研究了幸福感的影响因素（Helliwell & Putnam，2004；Hudson，2006；穆峥、谢宇，2014；边燕杰、肖阳，2014）。

在幸福感研究中，有一个经典的、被学界广为研究的悖论——伊斯特林悖论（Easterlin Paradox）。伊斯特林的研究发现，国家经济的增长并不必然带来幸福感的提升，从长期来看，经济增长到一定程度时，幸福感的增长往往会停滞或者下降（Easterlin，1974；Easterlin et al.，2010）。这一悖论的提出与经济学者信赖的"财富增加必然提高幸福感"冲突，给幸福感研究带来了极大的冲击和撼动。学者们以此为基础，通过各个国家的数据和经验材料对这一命题进行了论证和争辩，但没有形成一致的结论。支持这一论断的学者们认为，伊斯特林悖论指引人们去发现经济增长背后的不同心理机制和社会机制，如社会不平等、相对剥夺感等对幸福感产生的消解作用。中国的相关研究都基本证实了伊斯特林悖论的存在，指出在经济高速发展的 10 年中（2003—2013 年），经济增长与幸福感之间并没有显著的关联（吴菲，2016），地区富裕程度与居民幸福感水平之间相关不明显（邢占军，2011）。悖论的产生一方面是由于居民需求类型的改变，另一方面是由于社会不平等的加剧引发了强烈的相对剥夺效应（李路路、石磊，2017），收入与财富不平等具有群体效应，损害个人对幸福的积极体验，构建公平的分配体系是幸福感的关键（黄嘉文，2016）。因此笔者认为，不平等视角的引入是当前幸福感和伊斯特林悖论研究的重要发现。

公平感是另一个与获得感相关的社会心态概念。在社会分层研究中，由于研究者通常把关注的重点聚焦在社会不平等程度以及收入、财富等经济资源分配公平程度，因此，人们基于资源分配公平程度的认知和评价所形成的分配公平感（Perception of distributive justice）成为社会学研究的重点领域（马磊、刘欣，2010；刘欣、胡安宁，2016）。而根据评价主体的不同，分配公平感又可以分为宏观分配公平感和微观分配公平感（Wegner，1991）。作为阶层意识的一种独特的心理因素，公平感与居民态度倾向之间具有直接关联（翁定军，2010），因此居民宏观分配公平感的降低容易导致社会冲突意识的加强和对社会的不满（怀默霆，2009；李路路、唐丽娜、秦广强，2012），更使得不同群体在对自身收入是否公平的判断上形成了迥异的机制和逻辑。在微观分配公平感上，研究者大多从社会结构和相对剥夺两种视角，分析其形成机制和影响因素，并形成了相对比较因素大于结构地位因素的基本判断（孟天广，2012；王甫勤，2016；李煜、朱妍，2017；王元腾，2019）。

而在其中，如何进行相对比较也就成为影响居民微观分配公平感的重要因素。有学者将比较的重点聚焦于自我感知与社会共识期望间的一致程度，并指出个体自我感知的地位低于社会评价的地位时，其公平感较低，反之则较高（刘欣、胡安宁，2016）；有学者通过"职业群体参照理论"，认为职业群体具有内外相互比较的边界，因此微观公平感取决于居民自身与相同职业其他人员的比较以及这一职业和其他职业群体的比较（李煜、朱妍，2017）；

有学者扩展了"相对剥夺理论"的分析框架，提出分配公平感的不同维度分别受到特定时间比较的横向剥夺和过去状态的纵向剥夺不同影响，结果公平感更容易受到横向剥夺的影响（孟天广，2012）；还有的学者以农民工、流动人口等特定群体为分析对象，探讨了相对比较因素的比较对象对分配公平感差异的作用（龙书芹、风笑天，2015；王甫勤，2016），或是从收入差距、相对位置等维度考察了"如何比较"对于居民分配公平感的影响（王元腾，2019）。笔者认为，上述关于微观分配公平感和相对比较的研究与获得感具有紧密的关联，对于获得感的研究，也不能仅仅关注对"绝对获得"的感知，还应当考察居民在参照周围群体后所形成的"相对获得"的社会心态。

此外，主观阶层认同或地位认同（status identification）也与获得感之间具有较强的联系。学界一般认为，地位认同作为阶层意识的一部分，反映的是"个人对自己在社会阶层结构中所占据位置的感知"（Jackman & Jackman，1973）。基于个人与社会结构关系理解的不同，学界形成了集体性地位认同与个体性地位认同的两种研究取向（李炜，2004；李飞，2013）。集体性地位认同强调职业、收入、教育程度等客观性因素决定的"社会位置"，个体性地位认同则强调个人对自身生命历程的评价和对未来的感知（张翼，2005），因此与公平感、相对剥夺感等社会心态之间具有一定的关联（刘欣，2002；陈光金，2013）。而受这两种范式争辩的影响，在地位认同影响因素的研究中，形成了结构地位论、历史文化论和国家中心论三种主要观点（冯仕政，2005；李飞，2013）。结构地位论坚持客观经济位置对地位认同的决定性作用，即大体上认为职业、收入、教育程度因素型构并决定了人们的地位认同（王春光、李炜，2002；李培林等，2005；雷开春，2015）；历史文化论则从生命历史和个体经历角度解释地位认同的形成，主张消费偏好、心理感受、家庭背景等因素对于地位认同的影响（刘欣，2002；李培林等，2005）；国家中心论则将国家的意识形态、政策制度等宏观性因素引入地位认同的分析框架，注重户籍、单位、地域等具有反映中国社会结构、政治制度特色的变量（边燕杰编，2002；王天夫、王丰，2005）。

获得感与主观地位认同之间同样具有相关性。一方面，地位认同形成所基于的社会客观位置与获得感所强调的"客观获得"之间高度相似，现有研究也有用一般作为测量主观地位认同的题器来测量获得感，即将地位认同当作获得感相类似的概念（项军，2019）；另一方面，相对比较因素同样在地位认同研究中受到关注。地位认同的"参照群体"理论就认为，人们在进行社会比较时，参照的对象往往不是"抽象的社会"，而是和自身熟悉或交往较多的群体（Evans, et al., 1992），例如同事、朋友以及处在"同一生活圈"的人。由于不同群体在地位认同评价上存在不同的参照群体和类别，在主观感知上存在不同的理解，从而使这种认同结果形成了"人际不可比性"（interpersonal incomparability）（King, et al., 2004）。为了处理这种不可比较性，近年来地位认同研究引入了"情境锚定法"，即为受访者回答主观地位认同锚定了具体的参照尺度，取得了一定的成果（吴琼，2014；宋庆宇、乔天宇，2017；杨城晨、郁姣娇、张海东，2020）。这些研究都表明了获得感与幸福感、公平感、地位认同之间既有区别又有联系，同时为本书获得感的定义、操作化与指标化提供了重要借鉴。

三 "有房高一等？"：住房不平等、财富效应与获得感之间可能的联系

基于前文所述，住房作为一种具有居住和投资双重属性的商品，在经历了产权化、产业化与金融化三个阶段之后，其财富增值的效应愈发突出，成为社会不平等的形成机制和分布指标。诸多研究从住房面积、住房质量、住房套数等住房不平等维度出发，探讨了住房分层对于居民社会心态的影响。例如毛小平（2013）认为，住房产权既反映个人收入，又体现家庭财富，可以作为影响幸福感的一个关键变量。有住房产权的居民比没有住房产权的居民幸福感水平更高。林江、周少君和魏万青（2012）研究同样关注住房与幸福感之间的联系。其研究发现城市房价、住房产权直接影响城市居民的幸福感，房价上涨对幸福感具有负面影响，而有房者幸福感高于租房者、多套房者的幸福感高于一套房者。李涛、史宇鹏和陈斌开（2011）则发现了不同产权的住房对幸福感的差异性影响。在住房与公平感的关系上，现有的研究发现，具有完全产权和补贴产权住房等住房改革中获益的群体具有更高的公平感，而贷款产权住房居民其公平感与幸福感和无产权居民没有显著差异（李骏，2017）。过度的住房压力影响居民的公平感和对政府的信任，对社会稳定造成消极影响（马永强、麻宝斌，2019）。在住房影响地位认同方面，现有的研究在理论上论证了在大致相同居住条件的封闭社区中，居民能够形成大致相似的生活方式和地位认同（刘精明、李路路，2005），空间的对抗与张力塑造了"中产社区"的集体性认同（马丹丹，2015）。这一论点从结果上也基本证实了住房对阶层认同发挥着显著的作用，住房产权、住房面积、住房质量与阶层认同具有直接联系（张文宏、刘琳，2013；张海东、杨城晨，2017；王敏，2019），一些针对农民工群体的研究也表明良好的住房条件能够显著提升这一群体的地位认同，并帮助他们更好地融入城市社会（赵晔琴、梁翠玲，2014；祝仲坤、冷晨昕，2018）。还有的学者从社会群体的社会心态出发，指出住房在地位认同中所发挥的重要作用，成为青年群体中的一种"符号资本"，对这种符号资本的占有被视作人生的起步和事业的开端（闵学勤，2011），而无房群体则充满了焦虑和哀叹（刘升，2014）。这些研究虽然没有直接从获得感的角度出发研究住房分层与获得感之间的关联，但都证实了住房成为职业、教育、收入之外，影响社会心态、划分社会阶层的重要标准。因此，笔者可以认为，从住房分层与住房不平等的角度探讨其对获得感的影响，具有理论上的重要性和实践上的可行性。

在财富效应方面，现有的研究缺乏旅游消费、教育消费与获得感之间联系的直接研究，但可以从财富变化所导致的消费支出层面构建其与幸福感和地位认同之间的关联从而推断他们之间的联系。在"符号消费论"视角中，消费被看作是消费者进行意义建构、趣味区分和阶层区隔的再生产过程。波德里亚指出，现代社会已经把人们从满足需要的系统中解放出来，消费成为人们操纵符号、体现自身身份的一种行为（波德里亚，2001）。消费作为一种相对自主的社会实践，体现了不同群体拥有的不同经济资本和文化资本，差异性的消费形成了个人独特的品位，构建了独特的场域和空间。布迪厄（Bourdieu，1984）同样认为，消费作为一种策略性游戏，是中产阶层为了保持和提升社会地位而进行的区隔性行为。现有的多数研究大体从阶层影响消费这一逻辑链条上进行分析，强调阶层区隔是决定消费分层的重要变量，或是将消费分层作为更能反映社会分层实际情况，与社会地位密切相连的替代指标（李培林、张翼，2000；李春玲，2007；张翼，2016），而较少关注到消费与幸福感、地位认同存在的关联。近年来少部分研究注意到了这一可供研究的领域，他们或从整体上注意到消费差异形成的相对剥夺感减少了人们的主观幸福感（邓大松、杨晶，2019）；或认为消费能在主观上重构自我形象以及对目标群体的趋同（Ahuvia，2005），农民工群体通过消费来熨平自我与市民的身份差异，从而为消弭社会不平等与阶层差异，以及对他们的社会融入感和地位认同产生正向的积极作用（杨发祥、周贤润，2015；金晓彤、韩成、聂盼盼，2017；周贤润，2017）。另外，地位认同的历史文化论认为社会成员的地位认同形成于"日常生活中的共同经历"，"并感受到他们的利益与其他人不同"（汤普森，2001），因此研究特别关注教育、旅游休闲文化支出对居民幸福感、地位认同的相关影响。例如林晓珊（2018）指出，城镇家庭子女的教育消费具有典型的阶层化偏好，对孩子的投资被看作促进孩子在教育方面获得成功的一种手段，并最终获得家庭社会阶层地位的提升，是一种"购买希望"的消费；教育支出作为一种重要的文化资本，对子代的地位获得具有重要作用（仇立平、肖日葵，

2011），因此中产阶层家庭将子女的教育投入作为产生"阶层惯习"的重要方式（洪岩壁、赵延东，2014）。近年来，旅游健身消费越来越被人们所重视。有研究指出，现代性与市场化促进了旅游行为的蓬勃发展，旅游成为人们对于可支配收入和闲暇时间增加的一种"庆祝"，反映了旅游者的享乐性与闲暇性。而旅游产业的扩张也使旅游成为一种市场化与大众化的"商品"（王宁，1999）。旅游的"商品化"不仅使得其成为现代性社会下"被赋予生活意义"的一种新民俗（王宁，1999），还使得旅游者对这种"商品"的占有和消费成为影响社会成员地位认同的重要因素（梁玉成、杨晓东，2017）。而健身作为一种独特的消费实践，促使实践者在追求地位区分的同时，生成了符号操持、时间消费、道德炫耀和自我书写的独特过程（唐军、谢子龙，2019）。中产阶层对于旅游等发展性消费的边际倾向较高（张翼，2016）。上述诸多研究都从多个角度证实了教育与旅游健身支出对于社会心态形成的影响，因此也可以推论出与获得感之间具有较强的关联。

　　需要特别注意的是，从上述文献的分析路径上看，以往的研究覆盖了以地位认同、幸福感等为代表的因变量以及住房资产、住房分层和财富效应引发的消费为代表的自变量，但是忽略了财富效应所发挥的中介效应的影响。正如前文所指出的，住房资产的增长显著影响了不同风险偏好家庭对于消费支出的策略，尤其是住房资产的增量以及是否存在住房贷款会对家庭消费产生的重要作用。在这里，住房成为影响家庭消费、获得感等社会心态的关键链条。"有房高一等，无房低一头"这种存在于社会普罗大众之间的心态需要学界从理论上加以阐释。

第四节　文献述评

　　从住房资源获取中再分配权力与市场能力二者的对立统一，到住房金融化时期住房资产对不平等的迅速推动，现有的相关研究从住房资源和住房资产等多个角度明确指出处于社会变革场域中的住房是社会阶层分化的重要表现。住房资源与财富的不平等，既体现了转型时期再分配权力延伸的惯性，又体现了生命历程中社会成员个体代际累积与代内累积的差异和分化。从财富效应的"富者富裕"到"房奴效应"的"贫者愈贫"，经济学领域的研究揭示了具有固有财产属性的住房在财富与消费场域内增值对人们社会生活的重要影响。住房差异是中国市场化改革宏大叙事下一个"精准变量"，成为沟通过去与现在、国家与社会、市场与个人之间的桥梁与纽带。而近年来被学界所热议的"获得感"，相关研究则处于起步阶段。现有的相关研究大多从概念界定和宽泛的影响因素入手，缺乏对某一具体因素影响获得感的实证研究。而与之相似的阶层认同研究则明确指出了住房分层的关键作用。因此，将住房和住房的财富效应纳入获得感的研究中，不仅体现了获得感兼具"客观获得"和"相对比较"的特点，又架构了财富分层与社会心态之间的必然联系，将住房资产作为一种分析框架和具体变量，就具有理论上的可行性和合适性。

更为重要的是，现有的对于住房不平等的研究，大多关注住房不平等产生的原因，即住房不平等是社会不平等的结果；部分研究虽然关注到了住房不平等对财富效应、地位认同差异的影响，但或缺乏社会机制性原因的探索，又或是一种"由点及线""由线到面"的研究，对于住房不平等与特大城市社会不平等之间联系的总体性、分析性的研究还不多见，存在继续创新与探索的空间。本研究将特大城市居民住房资产、财富效应与获得感作为研究对象，在分析了住房资产不平等产生的原因的基础上，探索出住房资产不平等导致财富效应不平等，进而导致获得感不平等的机制性路径，不仅贯穿了住房不平等研究的多个方面，是一种"由面及体"的研究，而且还深刻反映出，在财产分层秩序可能取代职业分层秩序的状况下特大城市社会不平等的新面向。由此，住房资产不仅成为既有社会分层秩序下的结果变量，还成为研究城市居民在旅游消费、教育投入的客观指标，以及型塑获得感等社会心态乃至阶层再生产的机制性因素。由此，笔者认为，本研究将住房资产、财富效应与获得感相联系，将住房资产作为特大城市社会不平等新面向的探究性指标，构建社会不平等的综合性分析框架，具有理论上的重要性和实践上的可操作性。

第 三 章

研究设计

第一节　研究思路与分析框架

　　综观国内外学界对于住房不平等的相关探讨，笔者发现其研究进路大多集中于社会分层导致住房分层以及住房不平等形成地位认同差异等方面。在本研究中，笔者在社会分层理论、生命历程理论以及金融化理论等理论视角的架构下，期望构建一条住房影响特大城市社会不平等的完整链条，即住房分化既是原有阶层分化下社会不平等所形成的结果，又是金融化时期住房资产效应影响居民获得感，从而形成新的不平等的重要机制。因此，笔者在梳理前人关于住房分层、财富效应与获得感的相关文献的基础上，按照如下线索展开论述；（1）探讨将住房作为贯穿社会不平等的一条"完整锁链"的可行性；（2）描述特大城市住房资产分层的相应现状，并从代内累积、代际累积和市场化三个角度分析住房资产不平等的形成原因；（3）呈现基于住房所产生的财富效应对于特大城市居民消费行为的影响，并着重分析并厘清住房信贷、住房公积金等金融因素对于财富效应、抵押负债效应所可能出现的交互作用；（4）分析住房资产、财富效应影响特大城市居民获得感的相关作用，并试图构建这种作用的路径机制；（5）在此基础上探索并总结出住房作为一种社会不平等"连续统"型变量的经验架构和理论范式。在这一过程中，笔者将在文献梳理和数据描述的基础上，运用量化研究方法为本研究的结论提供经验支撑。

　　基于前文所述，本研究将住房资产和财富效应纳入居民获得感的分析框架中，具有重要的理论与现实意义（见图3-1）。这一框架的起点是住房资产不平等。众所周知，住房分层与财富不平等受到个体职业分化、家庭背景、阶层位置以及市场化等多重因素的影响。在这里，住房不平等体现了社会不平等；框架链条的第二部分是财富效应，住房的财富效应取决于住房资产的分化，同时金融化因素成为财富效应的关键变量；框架链条的最后一部分是居民获得感，其不仅是住房资产直接作用下影响居民"获得"的结果，而且其中财富效应更是发挥了重要的中介作用。因此，本研究采用的这一分析框架，反映了住房所体现的社会不平等的多重分层秩序，更反映了住房作为一种综合性的分析与解释框架，其自身能够成为社会不平等的分布指标和形成机制（张海东、杨城晨，2017）。

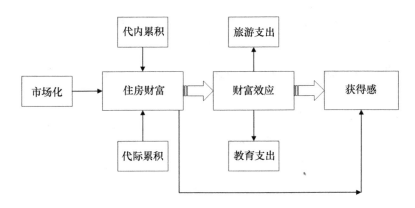

图3-1　本研究的分析框架

第二节　主要概念的操作化

概念的操作化，是指将抽象的概念转化为可观察和测量的具体指标的过程。在社会学中，操作化是连接抽象层次的理论与经验层次的事实之间的桥梁，为减少概念的理解误差，保障研究过程的相对统一性和连贯性提供条件。它使得对社会现象的分析建立在科学的基础之上，而不是一种主观臆断。在本研究中，笔者将对住房资产、财富效应与获得感三个主要概念进行操作化定义。

一　住房资产

在日常生活的一般语境之中，财富指一切具有价值的物品和象征，包括自然财富、精神财富等。而住房作为一种用于居住的生活必需品，给人们提供了一种密闭和安全的空间实在。随着社会生产力的发展和经济水平的提高，人们对于住房的要求也在不断提升，越来越关注住房的面积、功能、区位以及价值。在这一过程中，住房也从一种简单的必需品向消费品和投资品转变，具有了体现等级序列和地位分布的特征。而住房市场化改革以来，计划经济体制下无须支付或极少支付货币而获得住房的福利分房政策逐步消失，住房成为一种大多数人需要支付大量货币才能获得的商品。而住房产业化和金融化更是推高了商品房市场的价格，住房的投资属性愈发强化。随着房价不断上涨，住房越来越成为城市居民家庭财富的重要组成部分和财富的象征。2017年中国家庭金融调查与研究中心的研究报告显示，住房资产占中国家庭总资产的比例已达到77.7%。因此，在本研究中，笔者将住房资产定义为"受访者家庭当前拥有的所有自有住房的市值总和"。

二　财富效应

正如笔者在文献综述中已指出的，财富效应是现代社会发展过程中出现的新理念，指某种财富的累积存量达到一定规模后，必然产生对相关领域的传导效应或者是控制效应。它多指由于资产价格上涨（或下跌），导致资产持有人财富的增长（或减少），进而促进（或抑制）消费增长，影响短期边际消费倾向，促进（或抑制）经济增长的效应。简而言之，就是指人们的资产越多，消费欲望和能力就越强。而由于住房已经成为大多数城市居民占比最多、最为重要的家庭财富，因此住房的财富效应也成了所有资产的财富效应中较为关键的一项。现有的研究基本证实，拥有住房资产较多的家庭或住房价格上涨时期，居民会对收入和财富的增值持有稳健的预期，从而调整消费计划增加日常消费。而对于没有自有住房或背负房贷压力的居民来说，在衣食等日常生存型消费具有刚性需求的情况下，这一效应更可能在反向产生作用，即形成了非生存型消费的挤压作用。其中，旅游支出区别于家庭必需品和耐用消费品，其更多反映出家庭成员在满足基本生活需要后提升自身生活品质的"享受型"消费，这类消费受到家庭资产变动的影响较大。另外，社会学领域中诸多研究表明，旅游作为一种彰显自身社会地位的"商品"，其与个人和家庭的生活质量、地位认同具有高度相关性，将旅游消费作为考察财富效应的变量之一，能够反映住房资产对于家庭享受型消费以及获得感的影响情况。而教育支出作为家庭支出的另一种重要形式，对家庭成员尤其是子女的知识获取、文化资本习得和地位流动具有重要作用，家庭教育支出体现了父母的工具理性和情感表达的双重特征，具有典型的阶层化倾向（林晓珊，2018），可能成为影响居民获得感的关键机制。而家庭住房资产作为家庭资产的重要组成部分，其数额的变动则明显影响了家庭的教育支出。因此，笔者在本研究中将财富效应操作化为"家庭旅游消费支出"和"家庭教育消费支出"两项。

三 获得感

由于获得感属于具有中国本土特色的概念，因此学界对于这一概念的操作化指标尚未达成共识。基于前文所述，学界对于获得感的研究一方面集中于对现实生活所得到的"绝对客观获得"的一种主观感受，包含了物质经济利益、精神文化需求等多方面的体验。获得感这一概念应当体现居民对于包含职业地位、经济收入、消费水平在内的综合地位的主观感受。从这一点上来说，绝对获得感体现了居民的"主观地位获得感"（项军，2019）。另一方面，获得感是嵌入社会结构和人们的具体生活情境之中的重要概念，因此它涵盖了市场化进程中各种利益、资源分配不平等、不公平的感受，需要突出"与人比较"的"相对剥夺感"。笔者在本研究将获得感操作化为"地位获得感"和"相对获得感"，具体为"您认为您的综合地位在全国属于哪一个层次"和"与身边同事/朋友/邻居相比，您的生活水平发生了/未来可能发生怎样的变化"。

第三节 研究假设

一 住房资产影响因素假设

研究假设是研究者根据经验事实和科学理论对所研究的问题的规律或原因做出的一种推测性论断和假定性解释，是在进行研究之前预先设想的、暂定的理论。简单地说，即所研究问题暂时的答案。基于前文所述，肇始于20世纪90年代的住房市场化改革在全国范围内停止了住房的实物分配，转向货币化方式（李强、王美琴，2009）。而不断上涨的房价意味着在房地产市场中购买住房获取住房资产，需要付出多年乃至一生的财富积累。其中，个人在住房获得时的优势效应不容忽视。自默顿提出"马太效应"以来（Merton，1968），某一个人或群体相对于另一个人或群体的优势或不平等随时间而增长或累积而产生的累积优势理论（cumulative advantage）成为学界关注的一大重点问题（DiPrete & Eirich，2006）。而与之相关的生命历程理论也提出社会机制和个体特质的交互影响，将给不同个体带来不一样的生命轨迹。由于不同城市居民在自身生命历程中所处的社会地位不同，所拥有的政治资本、人力资本、社会资本存在差异，对其住房资源获取有着显著影响（刘祖云、毛小平，2010），职业地位等代内累积因素对于获取二套房也存在较大优势（吴开泽，2016）。而住房资产一方面与住房产权的获得密切相关，另一方面个体代内不平等的累积对于高品质住房获取、房产增值等方面也会产生巨大效用。因此本研究提出代内累积假设：

假设1：住房资产具有代内累积效应。具有代内累积优势的城市居民，其拥有的住房资产数额高于处于代内累积劣势的城市居民。

不少学者指出，人们的累积优势存在两种表现形式，即严格意义上的和布劳—邓肯式的。前者认为不平等的增长随着时间的推移而不断递增，呈现指数型函数的分布；后者则认为群体间差异性的社会经济资源对不平等的累积具有持续和交互作用（李骏，2016）。对于前者，累积优势理论和生命历程理论都将世代视作一个关键变量，随着生命历程的演进，生活中的用以满足个体需要或需求的诸多资源可以被积累或保护，个体资源的增长或消耗是社会变迁与个人能动的具体表现（胡薇，2009；吴开泽，2016）。而对于城市居民来说，住房市场化改革以后购房者的购买力直接取决于其收入的高低，高收入群体可以依靠自身的收入购买那些地段好、房价高、品质好的住房（边燕杰、刘勇利，2005），从而获得更多的住房资产。而在住房市场化改革初期，住房实物分配具有明显的不平等性，户主为管理精英和专业技术精英的家庭具有更高的住房拥有率（李强、王美琴，2009），职业状况与住房分层高度相关（刘祖云、毛小平，2010）。与市场联系紧密的职业群体在住房市场化改革中被较早地推向商品房市场，从而在早期以更低的价格获取商品房，成为个人和家庭资产积累的第一桶金（魏万青，2017）。另外，再分配权力的维系使得在住房市场化时期部分家庭可以获得更多的内幕信息、折扣价格以及学区房等具有高升值空间的住房（Song & Xie，2014）。在这里，职业分化造成了住房数量获取和财富增值的重要变量。由此，本文提出假设1的如下子假设：

假设1-1：住房资产具有世代累积效应。相比于年轻世代来说，年老世代拥有的住房数额较高。

假设1-2：住房资产具有收入累积效应。家庭收入越高的城市居民，其拥有的住房资产数额越高，反之越低。

假设1-3：住房资产具有职业分化效应。"精英职业"阶层的城市居民拥有的住房资产数额高于"非精英职业"阶层的城市居民。

在中国，受到传统文化习惯和日益升高的房价的影响，有经济能力的父母在子女成年和结婚时为其置办房产，或提供相当数量财务支持成为城市社会中较为普遍的现象。住房市场化改革拓宽了居民获取住房的渠道，而与此同时，父代家庭财富积累或住房资源的差异导致了子代住房资产与资源累积的不同（谌鸿燕，2017）。尽管市场转型论认为在转型时期再分配权力不再发挥很大作用，社会资源的分配将由管理者向资源的直接生产者转变（Nee，1989）。但是社会中存在的诸多经验现象揭示出这一时期仍然存在权力维系的现象，在分配体系中仍然存在再分配和市场两种机制（Bian，1996）。家庭对子代的住房支持呈现了从无到有、从小到大的现象，对住房资产不平等的影响也日益显现。还有的研究证明，先赋性因素对于城镇青年群体的住房分层具有重要影响，居住于大城市、家庭经济状况良好的青年其住房条件更为优越（杜本峰、黄剑焜，2014），代际累积优势显著影响了城市居民住房产权的获得（范晓光、吕鹏，2018）。因此，子代的住房获得和住房资产与其家庭密切相关，代际累积的不平等也是住房资产不平等中一个重要的视角。由此本文提出代际累积假设：

假设2：住房资产具有代际累积效应。具有代际累积优势的城市居民，其拥有的住房资产数额高于处于代际累积劣势的城市居民。

诸多学者认为，住房市场化改革将过去长时间存在的住房不平等现象固定下来（边燕杰、刘勇利，2005；胡蓉，2012；Zhou，2004）。国有部门等体制内从业者能够在市场化转型时期将单位原有的福利分房以极低的价格转变为自有住房，成为家庭财富的重要构成（李怀、鲁蓉，2012）。在住房市场化进程中，虽然福利分房的政策基本消失，但是面对特大城市日益飙升的房价，一些体制内单位自有用地建设住房，并将这些住房以远低于市场价的方式出售给本单位职工，或是通过委托代建、定向开发等方式建造了福利房性质住房，这些现象都表明住房改革具有局部性，留下了维系再分配权力的空间。对于广大中国人来说，住房被视作是安家立业的起点，是婚姻与组建家庭的一种刚需，因此购买住房成为绝大多数城市家庭的一种家庭行为（吴开泽，2017）。由于特大城市居高不下的房价，这就使家庭资助成为一个影响住房获得和住房资产增长的重要因素。获得家庭资助的居民，在购房时受到的经济制约较小，就有更大机会购买那些市值较高、具有升值潜力的住房，他们在住房资产不平等中具有领先的位置；而那些没有获得家庭资助的购房者，他们往往也由于自身和家庭地位的因素，受限于银行信贷等制度化的融资渠道（王宁、张杨波，2008），缺乏足够的资金购买市值较高的住房，甚至无法获得自有住房。因此，有学者指出代际累积在很大意义上体现的就是"家庭禀赋"因素（吴开泽，2016）。由此本研究提出假设2的如下子假设：

假设2-1：父亲在体制内单位就业的城市居民，其住房资产数额高于父亲不在体制内就业的城市居民。

假设2-2：在购房时受到父母资助的城市居民，其住房资产数额高于在购房时未获得父母资助的城市居民。

住房市场化改革的核心是"市场化"进程，所以市场化因素自然成为影响城市居民住房资产获取与增值的要素之一。吉登斯（Giddens，1975）指出，市场能力（market capacity）是个人带到市场上增强其讨价还价的能力，具体包含了对生产资料的占有、对教育资源和文凭的占有以及对体力劳动的占有（张海东、姚烨琳，2016）。随着商品与要素市场的发育，市场能力决定着市场经济条件下人们的生活机遇，同时也构成了财富与阶层分化的动力基础（刘欣，2005）。一方面，对住房私有产权的确认和合法化保障了资本与货币收益的合法化，具有较高市场能力的群体可以利用投资、买卖住房获取相应的收益；另一方面生产要素市场与产品市场的分配依赖于人们所持有的市场能力，同时一些类似于金融贷款、住房信贷等金融服务也取决于人们的市场能力大小。另外，市场经济发展的同时也出现了区域发展不平衡的问题和现象，对于房地产市场来说就表现在特大城市与中小城市、扩张型城市与收缩型城市之间房价的巨大差异，城市居民在不同地域、不同城市之间所拥有的住房导致了他们住房资产存量与增值空间的差异。由此本研究提出住房资产的市场化效应假设：

假设3：住房资产具有市场化效应。市场能力较强、在市场化程度较高地区拥有住房的居民，其拥有的住房资产数额较高。

正如文献中所提及，在金融化时代住房信贷已经发展成为居民购买住房获取融资的最主要的渠道。然而在经济理性和金融化技术不断发展的社会中，住房信贷发展成为一项复杂的风险评估和金融发放系统，夹带着对不同群体和阶层的偏见与歧视（Stuart，2003；Pattillo，2013）。在中国获取商业银行住房贷款的条件除了需要有合法的身份之外，银行一般都需要考察申请人是否拥有稳定的职业和经济收入，是否具有可以进行抵押或质押的资产以及担保人。另外，由于住房首期支付需要贷款申请人全额自筹且一般设定了比例限制，因此排除了一些居民获取住房贷款的可能性。相比于能够获取住房贷款的居民来说，他们购买住房、获取高额住房资产的可能性就大大降低。住房公积金作为另一项制度化的融资方式，是采用个人与单位分别缴存工资额度对等比例的一种长期住房储蓄制度（李斌，2002）。在购买住房时，使用住房公积金贷款的贷款利率更低、还款方式更为灵活、对所购买房产的限制性更小。因此，拥有住房公积金的居民，其在购买住房时可以获得更多的资金用以购买价值高的住房，较低的贷款利率也使其可以积累更多的财富购买多套房。而对于北京、上海和广州等中国经济发展水平最高、房地产市场刚性需求最多的特大城市来说，相同条件下住房市值与住房资产显著高于其余城市。由此本文提出假设3的如下子假设：

假设3-1：在购房或生活中获得过住房信贷的城市居民，其拥有的住房资产数额高于没有获得过住房信贷的城市居民。

假设3-2：拥有住房公积金保障的城市居民，其拥有的住房资产数额高于没有住房公积金保障的城市居民。

假设3-3：在特大城市拥有本地自有住房的城市居民，其拥有的住房资产数额高于本地没有自有住房的城市居民。

二 财富效应影响因素假设

住房市场化改革以来，尤其在特大城市中，由于对住房的刚性需求居高不下，住房资产成为能保值增值的财富，同时住房财富效应成为一种有效改善家庭居民流动性的重要手段，对提升居民消费起到重要作用。而财富积累与消费支出之间具有对应关系，财富积累越多，家庭经济开支的约束性越小，消费的自主性也就越强。对于拥有住房资产较多的家庭来说，一方面，住房资产在市场中变现的时间较快，且具有保值升值的空间，因此家庭资产具有现实的保障；另一方面，这种财富以及财富的增长增进了家庭对于未来生活的心理预期，从而促进了他们的日常生活以及发展、享受型消费。正如有学者指出的，作为中国城市家庭中一种十分重要的财富，住房资产减少了家庭的预防性储蓄和流动性约束，从而增加了他们改善自身生活、增进自身及子女人力资本的消费与投资的可能性（李涛、陈斌开，2014）。而对于那些住房资产较少，甚至不拥有住房资产的城市居民来说，购房的现实需求迫使他们增加储蓄压缩消费，而全社会劳动收入在家庭财富中比重影响持续走低更是加深了这一群体的社会焦虑感，影响了他们的发展型和享受型消费。由此本研究提出财富效应的普遍性假设：

假设4：住房资产对财富效应具有普遍性和累积性。住房资产越多的家庭，其家庭旅游消费支出和教育消费支出越多。

住房财富效应具有正反两方面的效用，反面作用就是住房负债或是住房支出对于消费的挤压效应，因此这一效应也被称为"房奴效应""抵押负债效应"。对于无房家庭来说，面对日益上涨的房价，他们一方面需要在特大城市落脚居住而支付价格不菲的房租；另一方面对购房的需求也迫使他们挤压平时的消费，为购房进行提前储蓄。而中国目前仍然不够完善的养老、医疗、社会保障体系也使得他们需要进一步压缩旅游以及教育等非生存型消费。因此，对于无房家庭来说，住房资产的缺失必然导致住房消费对于他们的消费形成挤压效应；对于有房家庭来说，一方面高房价带来的住房资产上涨和巨额的财富现值会促进他们的消费（颜色、朱国钟，2008；黄静、屠梅曾，2009）；而另一方面这种效用的实际效果仍然有待检验。因为对于使用住房信贷购房的家庭来说，由于购房后需要每月偿还高额的房贷，部分经济状况欠佳的家庭往往需要缩衣节食，严格控制各类消费支出，住房的财富效应往往不明显甚至也形成了消费挤压效应，而那些房贷偿还完毕，或是一次性全额购房或是以炒房为生的"炒房投机客"来说，住房负债的效应或是不存在，或是无法对住房资产存量以及上涨幅度构成相应的影响，因此对消费的影响可能弱化。由此本研究提出住房负债的差异性机制假设和相应的子假设：

假设5：住房负债（消费）对于财富效应的影响受到房产数量的制约，具有差异性机制。

假设5-1：对于无房家庭来说，住房消费将减少其旅游和教育消费，表现为消费挤出效应。

假设5-2：对于有房家庭来说，住房负债对于旅游和教育消费的挤出效应不明显。

笔者在前文中已经提到，住房作为一种不动产，对于居民的生活机遇的重构使其区别于其他生活必需品以及耐用品，具有使用价值和投资价值二重性质。然而这种二重性很可能受到家庭房产数量的影响使得财富效应表现出不同的效用。对于一套房家庭来说，由于仅有的这套住房只能供自身家庭居住，满足了其居住的刚性需要。在这里，房屋既不能出租，也不可能变卖，也就失去了其投资价值。因此，纵然这套住房的市值很高、住房资产不断上涨，居民切实感受到家庭财富的增长，但住房的投资获利只是作为一种可能存在，住房所有者也无法兑现住房的市场价值。因此这种效应对消费的促进作用应该是有限的、不充分的。但对于二套房乃至多套房家庭来说，在满足了居住的基本需要后，他们还有空余的住房，这些住房所形成的住房资产，可以随时在市场中转换、变现或投资。因此，住房资产在这些家庭更能体现出强烈的财富效应，大幅度促进了他们的发展型消费和享受型消费。值得注意的是，在各种促进住房投资和消费的扶持政策和金融杠杆的作用下，催生了以小企业主、个体户和经济管理精英为主的炒房阶层（吴开泽，2016），他们利用"以房生钱"的手段在扩大投资的同时，也用于自身的消费以及对子女教育的投入。由此本研究提出如下假设：

假设6：住房资产对于不同房产数量家庭产生的效应具有差异性，多套房家庭财富效应更为明显。

三　获得感影响因素假设

住房市场化进程中，住房作为财富资源成为社会不平等的重要内容，迅速成为客观社会分层的重要话题。如同其他商品一样，住房是使用价值和价值的统一体，不仅满足人们遮风挡雨、居家生活的需要，还是附着于土地、具有升值空间和投资属性的不动产商品。在市场经济体制下，住房作为一种财富，其价值不仅体现在对房产的直接占有上，还体现在住房这一不动产带来的"生活机会"上。例如，现有的研究在幸福感方面多指出，住房资产获益者具有更高的公平感和幸福感（李骏，2017）；住房状况是影响青年中间阶层总体幸福感的重要因素，住房产权对总体幸福感具有显著的正向作用，住房消费压力则会显著降低幸福感（胡蓉，2016），住房不平等则消解了居民的幸福感（刘米娜、杜俊荣，2013）。在阶层意识与地位认同方面，住房所代表的居住空间与居住模式影响了人们的社会交往、生活方式和阶层意识（刘精明、李路路，2005）。住房资产增长显著提升了居民的地位认同（张文宏、刘琳，2013），有房青年比无房青年具有更高的阶层信心（雷开春，2015），我国城市社会中逐步出现了以住房为代表的基于财富多寡而形成的阶层认同（张海东、杨城晨，2017）。在社会融入方面，住房消费提升了农民工的市民认同身份（赵卫华、郝秋晨，2019），人均住房支出对农民工群体的融入感和阶层认同提升最大（赵晔琴、梁翠玲，2014）。对于获得感而言，一方面其与幸福感、社会融入以及地位认同等相关概念具有一定关联；另一方面，由住房资产所代表的住房资源占有差异以及家庭财富地位更造成了不同群体的不同"生活机遇"。由此本研究提出如下假设：

假设7：住房资产对城市居民获得感具有正向作用。住房资产持有量越多，其获得感就越强。

根据已有的相关文献，首先获得感虽然强调客观获得，但还有其主观感受和主观体验的一面。城市居民在某个方面的获得感并不以某个绝对量来衡量，而是会综合考虑多种相关因素（鲍磊，2019）。因此在考虑住房资产影响获得感的同时，也需要考虑其他相关变量。其次，获得感具有一定的层次性，就如马斯洛的需求层次理论那样，获得感也包含情感、自我实现相关的高层次的需要，而以旅游为代表的享受型消费和以教育为代表的发展型消费与人力资本投资也应当对获得感的提高产生重要影响。另外，现有的研究也从多个角度证明，消费对人们的幸福感产生了显著的正向影响（胡荣华、孙计领，2015）；旅游消费能提高居民的幸福感（陈欣、程振锋、王国成，2020）。"再苦不能苦孩子、再穷不能穷教育"，对家庭成员尤其是子女的教育消费的投入，是其获取文化资本、促进阶层流动的重要手段，是城市居民"购买希望"的一种方式（林晓珊，2018），势必提升居民的获得感和幸福感；反之如果由于经济条件的限制，在家庭支出中无法覆盖或满足子女基本学业或课外辅导等教育支出，则大概率降低了城市居民的获得感。由此本研究提出财富效应的中介作用假设：

假设8：财富效应在住房资产对获得感的影响过程中形成了中介作用，即旅游消费支出和教育消费支出对于获得感的过程具有中介作用。

第四节　相关变量的设计

一　因变量的设计

依据研究思路、分析框架和研究假设，本书第四章的因变量是住房资产，该变量以问卷中"您当前所居住住房的市值"和"除此之外，您家其余自有房产的总市值"加总呈现。在具体操作上，由于部分样本的住房市值为0，为了控制两端极值对于之后分析的影响，笔者将住房市值加1后取自然对数形成定距数值作为分析的变量。

本书第五章的因变量是"家庭旅游消费支出"和"家庭教育支出"两项。该变量以问卷中"去年（2014年）您家在上述两项的支出"来呈现。同样，为了控制两端极值对于回归模型分析的影响，笔者将上述两项数值加1后取自然对数形成定距数值作为分析的变量。

本书第六章的因变量是"您认为您的综合地位在全国属于哪一个层次"和"与身边同事/朋友/邻居相比，您的生活水平发生了/未来可能发生怎样的变化"。在问卷中，上述两项变量的编码均为1—5分的定序变量。为了研究的需要，笔者将上述变量进行了反向编码处理，即在综合地位代表的绝对获得感中，"1 = 下层""2 = 中下

层""3＝中层""4＝中上层""5＝中层"。在生活水平比较代表的
相对获得感中，"1＝下降很多""2＝略有下降""3＝没有变化""4
＝略有上升""5＝上升很多"。

二　自变量的设计

本书第四章的自变量包含了"代内累积效应""代际累积效应"
和"市场化效应"三组变量。其中代内累积效应具体包括（1）家
庭收入。在此变量中，笔者根据所有样本家庭收入的四分位数划分
为4组，分别为"最高25%""次高25%""次低25%"和"最低
25%"。（2）世代效应。在此变量中，笔者根据受访者的出生年份，
将其划分为"'50后'群体""'60后'群体""'70后'群体"
"'80后/90后'群体"，分别指代1950—1959年、1960—1969年、
1970—1979年和1980年以后出生的受访者。（3）职业区分。参照
刘欣（2005）对于职业分层框架的研究，笔者将职业分为"党政机
关领导干部""企业主/经理/管理人员""专业技术人员""职员办
事人员/自雇者""技术工人"和"非技术工人"6类。代际累积效
应包括（1）父亲职业虚拟变量。即受访者14岁时父亲拥有体制内
的工作＝1，不拥有体制内工作＝0。（2）父母资助虚拟变量。即购
房时经济来源包含父母资助＝1，没有父母资助＝0。市场化效应具
体包括（1）住房信贷虚拟变量。由于调查问卷中直接关于住房信贷
的变量是过去一年的住房贷款、住房消费，因此可能遗漏那些已经
偿还完毕贷款的群体，直接使用这一变量可能给研究结果带来不可
预测的偏误。故本研究使用了相近的投资信贷测量，即受访者成功
从银行信用社等正规金融机构贷到款来用于生产性投资＝1，没有＝
0。（2）住房公积金虚拟变量。即受访者拥有的社会保障中有住房公
积金＝1，没有住房公积金＝0。（3）本地住房虚拟变量。即受访者
拥有当前所居城市当地自有住房＝1，没有当地自有住房＝0。

本书第五章的自变量是住房资产与住房贷款。住房资产即第四
章的因变量，住房贷款为"去年（2014年）您家的住房支出"，笔

者在这里删除了那些购房支出的极值，并同样进行了对数处理。另外包含了是否拥有住房公积金。本书第六章的自变量是住房资产、家庭旅游消费支出和家庭教育消费支出。即第四章和第五章的因变量。具体的设计过程在此不再赘述。

三　控制变量

根据研究需要，本书在不同的章节分别将性别、世代、政治面貌、教育程度、户籍类型、所在城市等反映人口自然与经济特征的相关变量作为控制变量，纳入回归模型中，有助于揭示自变量与因变量之间较为清晰的本质关系。

第五节　数据来源、样本特征与研究方法

本研究所使用数据来源于上海大学上海社会科学调查中心于2014 年 10 月至 2015 年 3 月在北京、上海和广州三地统一组织的"特大城市居民生活状况调查"①。调查在三地实行等比例样本，并采用两阶段抽样法。其中第一阶段采用地图地址法进行随机抽样，在每个城市抽取 50 个社区，每个社区抽取 20 个家庭户，并在每个家庭户中按照事先设定的规则采用 Kish 法抽取一名 18—65 岁的家庭成员作为受访者，共获得 3004 个样本数据。调查的第二阶段采用适应性区群抽样法（adaptive cluster sampling，ACS），即在第一阶段所获样本属于中产阶层的比例超过阈值的社区作为种子社区（seed），将该种子社区东南西北四面邻接的社区纳入下一轮抽样框，直到抽取社区内的样本低于设定的阈值或达到调查需要的样本量为止。两阶段抽样一共获得 6010 个特大城市常住人口样本数据。为了研究的需要，笔者删除了职业为在校学生以及关键变量缺失的样本，共获

---

① 本调查受到中国社会科学院—上海市人民政府上海研究院资助。

得5091个样本数据。笔者采用这些数据作为分析的依据①。样本的基本特征见表3-1。

表3-1 　　　　　　　　　　　　　**样本的基本特征**

基本特征		频数	频率
性别	男性	2378	0.533
	女性	2713	0.467
世代	"50后"	1244	0.244
	"60后"	964	0.189
	"70后"	1139	0.224
	"80后"／"90后"	1744	0.343
婚姻	已婚	3972	0.780
	未婚	1119	0.220
政治面貌	中共党员	743	0.147
	其他	4323	0.853
教育程度	初中及以下	1226	0.241
	高中/中专/技校	1446	0.284
	大学专科	965	0.190
	本科及以上	1454	0.286
职业	党政机关领导干部	79	0.016
	企业主/经理/管理人员	674	0.132
	专业技术人员	1062	0.209
	职员办事人员/自雇者	2303	0.452
	技术工人	690	0.136
	非技术工人	283	0.056

①　容易证明，适应性区群抽样所获得的样本的期望是无偏估计 $E(\hat{u}_{ht}) = E\left[\dfrac{1}{N}\sum\limits_{i=1}^{xn}\dfrac{x_i\,l_i}{\pi i}\right] = \dfrac{1}{N}\sum\limits_{i=1}^{N} y_j = \mu$。因此，在不推论总体特征的情况下，样本数据在回归方程中所得到的点估计值也是无偏估计。具体参见 Thompson（1998），陈传波、白南生、赵延东（2012）。

续表

基本特征		频数	频率
个人年收入	30000 元及以下	1156	0.227
	30001—70000 元	2006	0.394
	70001—120000 元	1100	0.216
	120001 元及以上	829	0.163
N		5091	1.000

在研究方法上，在定量研究部分笔者采用 SPSS22.0、STA-TA14.0 等统计软件，对特大城市居民的住房资产拥有量、财富效应所反映的旅游消费支出、教育消费支出等相关变量进行描述性统计分析，并进行初步的相关性检验；之后运用 Tobit 模型分别分析影响居民住房资产、旅游消费与教育支出的相关因素，利用多元线性回归模型分别检验住房资产与财富效应对于居民绝对获得感和相对获得感的影响，最后利用 Amos 统计软件和路径分析技术测量测算财富效应对于获得感的中介效应，并构建起住房资产—财富效应—获得感的这一不平等的形成机制。而在质性研究部分，研究希冀聚焦于当前特大城市青年的住房获取、住房收益、消费挤压以及获得感方面的"真实想法"，因此笔者运用面对面半结构式个案访谈方式收集资料，访谈对象的选取策略和基本信息将在第七章进行具体阐述。

第 四 章

城市居民[*]住房资产现状
及影响机制分析

第一节　住房资产的基本特征与
相关性的初步检验

　　对城市居民住房资产的现状与基本特征进行描述性分析是研究的起步与基础工作。当前学界对于中国城市居民住房资产现状的相关研究取得了诸多成果，例如 2012 年中国城市居民中 15% 以上拥有两套及以上的住房，住房市值的中位数为 25 万元，每平方米住房市值的中位数为 2587 元（Ren & Hu，2016）。住房资产调整后的平均值为 422000 元，比 2010 年上涨了 18.4%（Xie & Zhou，2014）。住房资产在中国城市家庭居民财富的占比达到 78.7%（Xie & Jin，2015），有 62.7% 的城市居民自有住房市值的增值幅度达到了 1—2倍，有 13.6% 的城市居民的住房市值增值幅度超过 5 倍（范雷，2016）。在本书中，笔者首先对样本中居民所有自有住房的住房资产

---

　　* 需要特别指出的是，本书中所指的"城市居民"均与本书所使用调查数据中的城市居民含义一致，即指在调查的基点时间中在该城市连续居住超过 6 个月的居民。因此，本书中的城市居民并不一定具有城镇户籍。

拥有量即市值进行了描述性统计。研究发现，北京、上海、广州三地样本中家庭住房资产最小值为 0，最大值为 9000 万元；其均值为 225.85 万元，标准差为 309.72。在具体分布上，有 23.1% 的城市居民报告其本人及家庭自有住房市值为 0，即没有自有住房；19.0% 的城市居民报告其自有住房市值在 100 万元以下，两项比例相加为 42.1%；有 46.6% 的受访者住房资产位于 101 万—500 万元这一区间；506 位受访者的家庭住房市值为 501 万—1000 万元；另有 1.4% 的受访者报告其拥有的住房资产多于 1000 万元（见图 4-1）。这反映出当前我国特大城市居民住房资产已呈现出明显的"金字塔形"分层特征，尤其是高额住房资产拥有者与无房者、住房资产较少者之间的差距已十分明显。

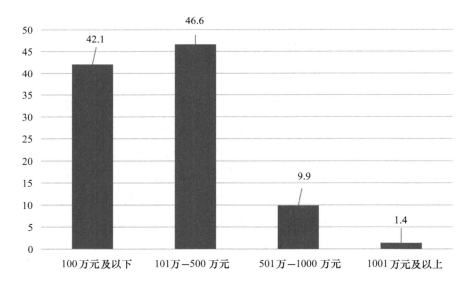

图 4-1　特大城市居民住房资产分布状况（单位：%）

从北京、上海和广州三地样本来看，居住于北京的居民住房市值在 100 万元及以下的占比为 40.8%，多数居民住房资产集中于 101 万—500 万元这一区间内，比例达到了 50.3%，另有 7.8% 和

1.1%的受访者报告其住房市值位于501万—1000万元和1001万元及以上这两个区间内。北京居民自有住房资产的均值为227.47万元，标准差为365.67。而对于上海居民来说，报告其自有住房市值在100万元及以下的居民比例大幅低于北京，其数值为23.2%，同样有超过一半的居民自有住房市值为101万—500万元，占比为55.4%，报告其自有住房市值在501万—1000万元的居民比例为19.0%，另有2.5%的上海居民拥有的住房资产在1001万元及以上。自有住房市值的均值为328.33万元，标准差为317.98。与上述两城市情况有所不同的是，广州居民住房市值100万元及以下这一区间内的占比最多，为67.0%，远远超过北京与上海居民在这一区间上的比例。有31.6%的广州居民其自有住房市值在101万—500万元，比例低于北京与上海。另有1.2%和0.2%的广州居民报告其自有住房市值在501万—1000万元以及1001万元及以上。广州居民自有住房市值的均值为97.44万元，标准差为133.53（见表4-1）。从表4-1中可以看出，当前中国特大城市居民住房资产在地域上也呈现出不均衡、差异较大的特点，作为中国经济最为发达城市的上海，其城市居民自有住房资产无论是在均值上，抑或是高额住房资产的占比上均明显高于北京与广州。而对于其他居住于中小城市与农村地区的居民来说，这种在宏观上呈现的家庭住房资产的差距将更为明显。住房资产成为当前中国城市与农村、特大城市与中小型城市，甚至特大城市之间居民财富差异与社会不平等的重要形成机制。另外值得注意的是，调查中所呈现的广州居民住房资产较低且没有自有住房比重较高的情况，可能是由于广州地区一方面房价较低，另一方面其吸引外来务工人口的比例大于北京和上海，他们由于经济条件所限而尚未购买自有住房。

表 4 - 1　　　北京、上海、广州三地城市居民住房资产的特征和分布 单位：（％）

	北京	上海	广州
100 万元及以下	40. 8	23. 2	67. 0
101 万—500 万元	50. 3	55. 4	31. 6
501 万—1000 万元	7. 8	19. 0	1. 2
1001 万元及以上	1. 1	2. 5	0. 2
均值（万元）	227. 47	328. 33	97. 44
标准差	365. 67	317. 98	133. 53

　　在对北京、上海、广州三城市居民住房资产进行描述分析之后，笔者对住房资产与相应的影响因素之间的相关性进行了初步检验。在这里，列联表分析是一种常见且有效的方法。列联表（contingency table）又称交互分类表，是观测数据按两个或更多属性分类时所列出的频数表。它是由两个以上的变量进行交叉分类的频数分布表。表 4 - 2 中数据呈现了住房资产与收入组之间样本分布的有关情况。数据显示，对于收入最高 25％ 这一组居民来看，多数居民的住房资产仍分布于 101 万—500 万元这一区间，但自有住房市值位于 100 万元及以下的比例明显低于其他收入组，而分布于 501 万—1000 万元和 1001 万元及以上的高额住房资产的比例明显高于其他收入组，占比分别达到了 23. 8％ 和 3. 8％。在次高 25％ 这一收入组上，住房市值位于 101 万—500 万元这一区间的比例超过了一半（56. 8％），高额住房市值的占比明显降低。而对于收入最少的城市居民来说，比例分布的众数转移到了 100 万元及以下这一区间，住房市值在 101 万—500 万元的比例下降至 35. 0％，住房市值超过 500 万元的占比微乎其微，占比分别为 1. 6％ 和 0. 4％。从列联表的数据分布可以直观看出，位于高收入组的城市居民，其住房资产的数额往往较高，而位于低收入组的城市居民，其拥有高额住房资产的可能性较小。列联表的卡方检验值为 978. 33，显著性水平为 0. 000，说明表格中数据并不是呈现出平均分布的状态；又由于在本部分中笔者将两类

变量都操作为定序变量，因此可以用斯皮尔曼等级系数（Spearman's rank correlation coefficient）判定两者之间的相关性。结果显示，住房资产与收入组之间的相关系数为 −0.390①，并在 0.01 的显著性水平上相关，说明两者之间具有高度相关性，收入越高的家庭其住房资产越高。

表 4 − 2　　　　　　　　　　**住房资产与家庭收入的交互分类表**

	100 万元及以下	101 万—500 万元	501 万—1000 万元	1001 万元及以上
最高 25%	218 （19.0%）	561 （49.0%）	324 （28.3%）	43 （3.8%）
次高 25%	392 （33.1%）	673 （56.8%）	108 （9.1%）	12 （1.0%）
次低 25%	646 （47.4%）	657 （48.2%）	52 （3.8%）	7 （0.5%）
最低 25%	837 （63.1%）	464 （35.0%）	21 （1.6%）	5 （0.4%）
$\chi^2 = 978.73$			P = 0.000	
Spearman 系数			− 0.390 **	

注：* p < 0.05, ** p < 0.01, *** p < 0.001。

表 4 − 3 数据反映了不同世代受访者住房资产的分布状况。统计结果显示，对于"50 后"群体来说，其住房资产的众数分布在 101 万—500 万元，达到了 681 人，占比为 54.8%。100 万元及以下的比例次之，人数为 442 人，占比为 35.6%。住房市值为 501 万—1000 万和及 1001 万元及以上的比例分别为 8.0% 和 1.6%。在"60 后"群体方面，39.2% 的居民报告其自有住房市值在 100 万元及以下这一区间，49.6% 的居民其自有住房资产位于 101 万—500 万元这一区间，在 501 万—1000 万元这一区间的比例略高于"50 后"群体，占比为 10.3%，1001 万元及以上的比例为 0.9%，低于"50 后"群体。而在"70 后"群体中，拥有 501 万—1000 万元和 1001 万元及以上住房市值的群体都略高于"50 后"与"60 后"群体，占比分

① 斯皮尔曼系数值方向为负是由于笔者将最高 25% 收入组编码为 1，最低 25% 收入组编码为 4，因此负向系数反映的仍然是正向关系。

别为12.4%和1.8%，住房市值在100万元及以下的比例与"60后"群体基本持平，为39.3%，101万—500万元的占比为46.4%。对于最为年轻的"80后"与"90后"群体来说，由于他们刚刚步入职场，拥有的财富积累有限，往往在住房市场中处于劣势地位。列联表的样本分布结构也印证了这一猜测，有875名"80后"或"90后"受访者报告其自有住房市值在100万元及以下，比例为50.2%，明显高于其他出生世代的群体。报告其自有住房市值位于101万—500万元的样本数为684人，其占比为39.2%，低于其他出生世代的群体。列联表的卡方检验值为100.20，显著性水平为0.000，证明交互表行与列之间并不是随机分布。Spearman相关系数为-0.092，并在0.01的显著性水平上相关，说明城市居民出生世代越晚，其拥有自有住房的市值就越小。

表4-3　　　　　　　住房资产与出生世代的交互分类表

	100万元及以下	101万—500万元	501万—1000万元	1001万元及以上
"50后"群体	442（35.6%）	681（54.8%）	100（8.0%）	20（1.6%）
"60后"群体	378（39.2%）	478（49.6%）	99（10.3%）	9（0.9%）
"70后"群体	448（39.3%）	529（46.4%）	141（12.4%）	21（1.8%）
"80后"/"90后"群体	875（50.2%）	684（39.2%）	166（9.5%）	19（1.1%）
$\chi^2 = 100.20$			P = 0.000	
Spearman 系数			-0.092**	

注：* $p < 0.05$，** $p < 0.01$，*** $p < 0.001$。

表4-4则从住房资产与职业分层的角度呈现了不同职业的城市居民在住房资产拥有数额上的差异。从总体上看，职业为党政机关领导干部、企业主/经理/管理者、专业技术人员的城市居民，有超过一半的受访者报告拥有的住房市值在101万—500万元，比例分别为55.7%、54.2%和50.8%。而对于职员办事人员/自雇者、技术工人和非技术工人这三类群体来说，他们中的多数人报告自有住房

市值在 100 万元及以下，占比分别为 48.5%、50.9% 和 55.0%。另外，在 500 万元以上的高额住房资产拥有率上，各类职业群体也呈现出一定的区别。例如，有 165 名职业为企业主/经理/管理者的受访者报告其自有住房资产在 501 万—1000 万元和 1001 万元及以上这两个区间内，总和比例达到了 16.1%；而职员办事人员/自雇者、技术工人与非技术工人三类职业群体的高额住房资产拥有率均不足 10%。列联表的卡方检验值为 350.97，显著性水平为 0.000，说明职业与住房资产之间存在一定的关联。当然这种关联程度需要在统计模型中加以进一步检验。

表 4 - 4　　　　　　　　　　住房资产与职业的交互分类表

	100 万元及以下	101 万—500 万元	501 万—1000 万元	1001 万元及以上
党政机关领导干部	23（29.1%）	44（55.7%）	10（12.7%）	2（2.5%）
企业主/经理/管理者	144（21.4%）	365（54.2%）	143（21.2%）	22（3.3%）
专业技术人员	352（33.1%）	539（50.8%）	147（13.8%）	24（2.3%）
职员办事人员/自雇者	1118（48.5%）	1004（43.6%）	162（7.0%）	19（0.8%）
技术工人	351（50.9%）	303（43.9%）	35（5.1%）	1（0.1%）
非技术工人	155（55.0%）	117（41.5%）	9（3.2%）	1（0.4%）
$\chi^2 = 350.97$			P = 0.000	

在代际累积效应方面，笔者考察了父亲具有体制内工作以及在购房时得到父母资助对于居民住房资产均值的影响。研究结果表明，受访者 14 岁时期父亲在体制内就业的样本，自有住房资产的均值为 272.11 万元，最小值为 0，最大值为 9000 万元，标准差为 301.56。而父亲不在体制内就业的样本自有住房资产的均值为 185.99 万元，远低于体制内样本，标准差为 311.18。均值独立样本 t 检验的显著性水平为 0.000，表明两组样本均值之间存在统计学意义上显著的差异，父亲在体制内就业的居民拥有的住房资产往往更多。在购房时获得父母资助的城市居民，其住房资产的均值为 369.68 万元，标准

差为 313.32。而在购房时未获得家庭资助的居民，其自有住房资产的均值为 190.25 万元，仅为前者的一半左右，差距悬殊。均值独立样本 t 检验的显著性水平为 0.000，同样表明是否受到父母资助对于居民自有住房资产具有十分明显的机制性的影响（见图 4－2）。

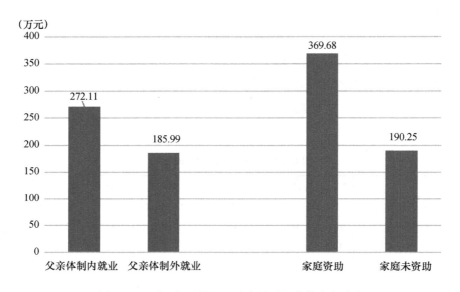

图 4－2   不同代际累积下城市居民住房资产的分布

在市场化效应当面，笔者在本章考察了是否拥有本地住房、是否从银行等金融机构获得过金融信贷以及是否拥有住房公积金对于城市居民住房资产的影响（见表 4－5）。结果显示，在北京、上海与广州三地拥有本地住房的居民，其自有住房的市值均值为 264.46 万元，远高于在本地没有住房群体的 109.69 万元。其标准差分别为 326.79 和 213.03。独立样本 t 检验的显著性水平为 0.000，说明两者均值之间存在显著的区别。获得过金融信贷的城市居民其自有住房资产均值为 317.95 万元，而未获得过金融信贷的城市居民的自有住房资产均值为 192.31 万元。标准差分别为 270.51 和 316.26。独立样本 t 检验的显著性水平为 0.000，同样说明金融信贷对于住房资产的获得具有关键作用。最后，在住房公积金上，拥有住房公积金这一社会保障的城市居民其自有住房的均值为 266.95 万元，标准差为 289.31，而未有住房公积金的城市居民其自有住房资产均值为 192.09 万元，标准差为 327.22，差距较大。独立样本 t 检验的显著性水平同样为 0.000，证明住房公积金对于城市居民自有住房资产的获得产生了统计学意义上的显著作用。当然，必须指出的是，上述结论仅是对住房资产与相关变量之间的初步检验，同时为了呈现住房资产的基本特征，这种相关性仍需要在回归模型中加以检验。

表 4－5　　　　　　不同市场化效应下城市居民住房资产的分布

	N	均值（万元）	标准差
拥有本地住房	3825	264.46	326.79
未拥有本地住房	1254	109.69	213.03
有金融信贷	1359	317.95	270.51
无金融信贷	3732	192.31	316.26
有住房公积金	2381	266.95	289.31
无住房公积金	2544	192.09	327.22

第二节　模型的选择和统计结果的解读

为了准确研究住房资产与代内累积、代际累积与市场化效应之间的相互关联与作用机制，笔者需要对其进行回归诊断及分析。本章中的因变量住房资产是连续型变量，但是考虑到部分样本在这一取值上为 0，存在左删截的情况，因此使用基于最小二乘法的线性回归模型可能会给模型带来较大的偏误。对于这种情况，笔者在本部分中使用了 Tobit 模型（Tobit model）。Tobit 模型是指因变量虽然在正值上大致连续分布，但包含一部分以正概率取值为 0 的观察值的一类模型。Tobit 回归属于受限因变量回归的一种，是为了纪念 Tobin 最早研究因变量存在上限或下限，或存在极值的状况而命名的模型（Tobin，1958）。标准的 Tobit 回归模型方程为：

$$y^* = \beta' x_i + \mu_i$$

$$y_i^* = y_i \text{ 当 } y_i > 0 \text{ 时}$$

$$y_i^* = 0 \text{ 当 } y_i \leq 0 \text{ 时}$$

上式中，y^* 是潜在因变量，潜变量大于 0 时被观察到，取值为 y_i，小于等于 0 时在 0 处截断。x_i 是自变量向量，β 是系数向量，误差项 μ_i 独立且服从正态分布 $u_i \sim N(0, \sigma^2)$。上述模型也可作如下简化表述：

$$y = \max(0, \beta x_i + \mu_i)$$

因此在本节中，笔者将住房资产作为因变量，将代内累积效应、代际累积效应和市场化效应作为自变量，并将性别、婚姻、地域等受访者自然与社会特征作为控制变量一并纳入 Tobit 模型。需要指出的是，在进行回归分析之前，笔者首先对模型中的变量进行了多重共线性诊断（collinearity diagnostics），以排除指线性回归模型中的解释变量之间由于存在精确相或高度相关系而使模型估计失真难以准确的情况。多重共线性的检验结果显示，模型中相关变量的容忍度（tolerance）均大于 0.5，方差膨胀因子（variance inflation factor, VIF）均小于 10。因此可以认为模型不存在明显的共线性。模型的具体统计结果见表 4 - 6。

表 4 - 6　　特大城市居民住房资产影响因素的 Tobit 回归模型

	模型 1 - 1	模型 1 - 2	模型 1 - 3	模型 1 - 4	模型 1 - 5
	B（SE）				
男性	- 0. 012	- 0. 100	- 0. 074	- 0. 073 *	- 0. 170 *
	（0. 077）	（0. 077）	（0. 073）	（0. 074）	（0. 072）
已婚	0. 698 ***	0. 273 **	0. 692 ** *	0. 605 ***	0. 158
	（0. 088）	（0. 101）	（0. 084）	（0. 086）	（0. 094）
党员	0. 501 ***	0. 322 **	0. 601 **	0. 471 ***	0. 470 ***
	（0. 111）	（0. 115）	（0. 106）	（0. 106）	（0. 107）

续表

	模型 1 – 1	模型 1 – 2	模型 1 – 3	模型 1 – 4	模型 1 – 5
	B （SE）				
城镇户籍	0.662 ***	0.253	0.673 ***	0.709 ** *	0.398 **
	(0.145)	(0.147)	(0.138)	(0.138)	(0.135)
教育程度[a]					
高中/中专/技校	0.450 ***	0.387 ***	0.219 *	0.377 *	0.228 *
	(0.109)	(0.113)	(0.104)	(0.106)	(0.106)
大学专科	0.977 ***	0.749 ***	0.581 ***	0.961 ***	0.513 ***
	(0.120)	(0.138)	(0.116)	(0.120)	(0.133)
本科及以上	1.432 ***	1.081 ***	0.943 ***	1.521 ***	0.899 ***
	(0.110)	(0.147)	(0.107)	(0.113)	(0.142)
城市[b]					
北京	1.065 ***	0.061 ***	0.713 ***	0.780 **	0.245 **
	(0.096)	(0.101)	(0.092)	(0.093)	(0.095)
上海	2.239 ***	1.524 ***	1.916 ***	1.496 ***	0.922 ***
	(0.095)	(0.100)	(0.091)	(0.095)	(0.097)
代内累积效应					
家庭收入[c]					
最高 25%		1.805 ***			1.592 ***
		(0.130)			(0.122)
次高 25%		1.245 ***			1.113 ***
		(0.120)			(0.112)
次低 25%		0.715 ***			0.614 ***
		(0.109)			(0.101)
世代[d]					
"50 后"群体		1.417 ***			1.111 ***
		(0.128)			(0.130)
"60 后"群体		1.032 ***			0.814 ***
		(0.121)			(0.119)
"70 后"群体		0.866 ***			0.779 ***
		(0.110)			(0.104)

续表

	模型 1 - 1	模型 1 - 2	模型 1 - 3	模型 1 - 4	模型 1 - 5
			B（SE）		
职业ᵉ					
党政机关领导干部		0.150			0.125
		(0.355)			(0.328)
企业主/经理/管理者		0.107**			0.032**
		(0.208)			(0.194)
专业技术人员		0.083			0.205
		(0.200)			(0.186)
职员办事人员/自雇者		0.251			0.318
		(0.178)			(0.165)
技术工人		0.045*			0.059**
		(0.195)			(0.182)
代际累积效应					
父亲体制内工作			0.527***		0.152*
			(0.075)		(0.078)
父母资助购房			2.131***		1.464***
			(0.091)		(0.095)
市场化效应					
本地住房				1.093***	0.618***
				(0.089)	(0.095)
金融信贷				1.662***	1.351***
				(0.088)	(0.087)
住房公积金				0.057	-0.014
				(0.081)	(0.083)
常数项	1.127***	0.737***	0.995***	0.331**	0.488**
	(0.095)	(0.214)	(0.118)	(0.130)	(0.201)
Sigma 系数	2.870	2.647	2.714	2.667	2.407
Pseudo R^2	0.034	0.048	0.056	0.059	0.083
N	5091	5091	5091	5091	5091

注：（1）* $p < 0.05$，** $p < 0.01$，*** $p < 0.001$。（2）参照类别：a = 初中及以下，b = 广州，c = 最低 25%，d = "80 后"与"90 后"群体，e = 非技术工人。

　　为了厘清城市居民相应的自然与社会经济特征对于住房资产的影响，模型1–1将相关的控制变量纳入模型。结果发现，除了性别因素外，婚姻、政治面貌、户籍、教育程度以及所在城市均对其家庭拥有的住房资产产生了显著影响，且均在0.001的显著性水平上相关。数据显示，相对于未婚者来说，已婚者所拥有的住房资产更多，其系数为0.698；政治面貌是党员的群体相较于非党员拥有高额住房资产的可能性更高。在户籍方面，城镇户籍居民拥有住房资产的数额较高，其系数为0.662。在教育程度上，相对于初中及以下学历的受访者来说，高中/中专/技校、大学专科、大学本科及以上的居民对住房资产均为正向作用，且系数不断增大，证明教育程度越高，其住房资产拥有量越大的可能性也就越高。而在所在城市方面，相对于广州居民来说，北京与上海居民拥有的住房资产数额较高，且上海居民的系数较北京的更高。这应当与三城市当前房地产市场平均价位不同相关。样本的Sigma系数为2.870，Pseudo R^2 值为0.034，说明其模型的解释力还有待加强。

　　模型1–2在模型1–1的基础上加入了代内累积效应变量。统计结果表明，控制变量中除了户籍因素不再对住房资产产生显著性影响以外，其余相关变量仍然对城市住房资产拥有量具有正向影响。除了系数有所变动以外，相应的显著性水平也保持基本一致。即已婚、党员、具有较高教育程度、居住于北京与上海的居民其住房资产拥有量也相对较高。而在控制了上述相关变量以后，可以较为直观地发现代内累积效应这一组自变量在模型中所产生的作用。统计结果表明，在家庭收入这一项中，城市居民的收入与住房资产显现出明显的正向关系，相比于最低25%这一收入组的居民来说，最高25%、次高25%与次低25%收入组的居民其住房资产拥有量均较高，且系数以此递减。在出生世代方面，其结果也证实了生命历程理论中历程时间累积的正确性，相比于出生时间更晚的世代来说，出生时间越早，其财富累积的时间也越久，因此也就越有可能拥有较高额的住房资产。最后，在职业特征方面，相对于非技术工人来说，企业主/经理/管理者以及技术工人的住房资产数量较多、系数分别为 0.107 和 0.045，且分别在 0.05 和 0.01 的显著性水平上相关，而党政机关领导干部、专业技术人员和职员办事人员/自雇者则缺乏明显的证据。模型结果使假设 1 - 1、假设 1 - 2 与假设 1 - 3 成立。整个模型的 Sigma 系数为 2.647，Pseudo R^2 值为 0.048，模型的解释力有所增强。

模型 1 - 3 在模型 1 - 1 的基础上增加了代际累积效应这一组自变量。与模型 1 - 2 稍有不同的是，户籍因素在模型 1 - 3 中具有统计学意义上的相关性，具有城镇户籍的居民其住房资产拥有量较高。而其余包括性别、政治面貌、教育程度与所在城市均和模型 1 - 1、模型 1 - 2 相类似，具有基本一致的作用方向和显著性水平。在控制了上述这些人口统计学变量以后，统计结果表明代际累积因素对住房资产积累产生了十分重要的效应和作用。相比于父亲在体制外工作的群体来说，其父亲在体制内就业的受访者更有机会获得更为高额的住房资产，其模型系数为 0.527，显著性水平为 0.001。而在购房时获得父母资助则具有更为明显的效应，相对于没有获得父母资助的受访者而言，父母资助对于住房资产的系数为 2.131，且也在0.001 的显著性水平上高度相关。这证明父母的社会经济地位与家庭禀赋成为当前住房资产获得和积累的关键因素，以及社会不平等的一种传递机制。从结果中可以看出，假设 2 - 1 与假设 2 - 2 成立。整个模型的 Sigma 系数为 2.714，Pseudo R^2 值为 0.056，其模型解释力进一步加强。

模型 1 - 4 则在模型 1 - 1 的基础上增加了市场化效应这一组自变量。统计结果表明，与上述模型相类似，控制变量中的婚姻、政治面貌、户籍状况、教育程度以及所在城市均具有基本相同的作用，其显著性水平也基本相似。唯一不同的是，在模型 1 - 4 中，性别因素具有统计结果上的相关性，相比于女性来说，男性受访者的系数为 - 0.073，表明其拥有的住房资产相对较少。在控制了上述变量以后，市场化因素中的拥有本地住房与住房信贷对于住房资产具有正向作用。相比于没有当地住房的受访者，拥有本地住房的受访者其住房资产数量较高，系数为 1.093；在日常生活中从银行获取过金融信贷用于生产性投资的受访者，其拥有的家庭住房资产也相对较高，系数为 1.662。在显著性水平方面，上述自变量的显著性水平均达到了 0.001，说明自变量与因变量之间具有高度相关性。而具有住房公积金与住房资产之间的系数为 0.057，但缺乏足够的统计证据证实两者之间具有高度相关性。这推导出假设 3-1 与假设 3-3 成立，而假设 3-2 成立缺乏明显的证据。模型的 Sigma 系数为 2.667，Pseudo R^2 为 0.059，模型的解释力再一次增强。

　　模型 1-5 是将受访者自然与社会特征的控制变量和代内累积效应、代际累积效应与市场化效应一同进入回归方程的全模型样本。从模型 1-5 中可以看出，相比于女性受访者来说，男性受访者的住房资产拥有量更低，在 0.05 的显著性水平上相关；政治面貌为党员的城市居民其住房资产拥有量较高，系数为 0.470；拥有城镇户籍的居民的住房资产也高于农村户籍居民，显著性水平为 0.01；相对于初中及以下学历的城市居民来说，高中、大学专科/本科及以上的受访者住房资产拥有量较多，且随学历的提升在不断加大；所在城市中上海居民的住房资产最多，北京次之，广州最少。在控制了上述变量之后，代内累积变量组中家庭收入依然发挥重要作用，相对于最低 25% 收入组来说，次低 25%、次高 25% 与最高 25% 收入组的居民住房资产拥有量逐次提高，且均在 0.001 的显著性水平上高度相关。世代与职业因素与模型 1-2 也表现出类似特征，相比于"80后"与"90后"这些年轻世代来说，年老世代更能积累起较多额度的住房资产；相对于非技术工人而言，企业主/经理/管理者阶层与技术工人阶层在统计学意义上具有较高数量的住房资产，而干部、专业技术人员和职业办事人员在统计上缺乏相关性。在代际累积效应方面，父亲在体制内就业与父母资助购房均对城市居民的住房资产产生了明显的正向影响，显著性水平分别为 0.05 和 0.001。在市场化效应方面，拥有本地住房和获得过金融信贷的城市居民更有可能获得并积累起较高额度的住房资产，其系数分别为 0.618 和 1.351。住房公积金在全模型中仍然不具有统计学意义上的相关性。综合其结果，笔者发现代内累积、代际累积与市场化效应三组自变量其作用的方向与模型 1-2、模型 1-3 和模型 1-4 基本相同，证明这一嵌套模型具有较强的稳健性，其结果具有较高的可靠性。假设 1-1、假设 1-2 与假设 1-3，假设 2-1 与假设 2-2，假设 3-1 与假设 3-3 成立。模型的 Sigma 系数为 2.407，Pseudo R^2 为 0.083，解释力大幅增强。

第三节　本章小结

在本章中，笔者通过描述性统计分析呈现了以北京、上海和广州为代表的中国特大城市居民住房资产的基本特征，其结果表明当前特大城市居民住房资产分化悬殊，财富差距比较明显，大部分居民的自有住房资产分布在 100 万—500 万元这一区间内，少部分居民聚集了高额乃至巨额的住房资产，但仍有一部分居民至今没有获得自有住房。住房资产分布的"金字塔形"结构已经在特大城市社会中凸显。住房，特别是住房资产，成了继收入、职业、教育之后城市社会中社会分层的标杆与指示器。而特大城市之间住房资产的不均衡更表明中国不同区域之间、城市与乡村之间、大小城市之间也存在住房资源与住房资产的巨大分异。描述性统计及初步检验的结果反映，当前特大城市居民住房资产不平等与家庭收入、出生时代、职业为代表的代内累积因素，父亲职业和家庭资助为代表的代际累积因素，以及是否拥有本地住房、金融信贷和住房公积金为代表的市场化因素密切相关。具有代际和代内累积优势和较强市场能力的城市居民，可以在住房市场以及住房资产累积上获得较大的优势。在这里，住房成了个人能力、家庭禀赋与市场效应不平等的传递结果。

在科学应用 Tobit 模型对因变量住房资产以及代内累积效应、代际累积效应和市场化效应等自变量进行回归分析之后，结果进一步证实了本章提出的相关假设和列联表初步检验所得到的有关判断。在控制了相应的人口特征学变量以后，城市居民的代内累积优势、代际累积优势以及市场化效应中的本地住房优势和金融信贷优势均对住房资产产生了正向作用。这一结果反映出，住房不平等是既有社会不平等体系、路径下形成的一种结果，住房分层体现了社会分层，住房的差异反映了社会阶层存在的真实差异。另外值得我们注意的是，在住房资产成为城市家庭财富构成的主要部分的情况下，在"住房金融化"、房产投资投机盛行的潮流下，住房资产成为社会财富增值的分配机制，加剧了家庭财富差距的放大趋势（吴开泽，2019）。社会财富尤其是住房资产向有房者、多房者转移，财富积累向特大城市居民、向"炒房食利阶层"积聚，而家庭禀赋和个体代内累积更是加剧了住房资产分布的不平等效应。在阶层结构金字塔顶端的居民其住房资产也位于金字塔顶端。而这种基于住房资产所形成的不平等将会在社会结构以及人们的社会生活中带来诸多可预见或更为隐秘的后果。

第 五 章

城市居民住房财富效应的
特征和形成路径

第一节　财富效应：旅游消费和教育
消费的现状与影响因素

　　住房资产的获得与升值提升了城市居民家庭财富储备，同时增长的财富也必然促进了消费行为，这就是前文所提及的住房财富效应。近年来，随着中国社会的变迁和人们生活水平的提高，居民对于消费升级的需求也愈加强烈。马斯洛需求层次理论也指出，人的需求越是低级就越基本，越与动物相似；越是高级的需求就越为人类所特有。同时这些需求都是按照先后顺序出现的，当一个人满足了较低的需求之后，才能出现较高级的需求，即需求层次。因此在满足了日常的衣食住行支出后，旅游消费与教育消费成为发展型消费与享受型消费的主要部分，对于提升居民的生活品质和获得感、幸福感具有重要意义。在本部分，笔者将对特大城市居民旅游和教育消费的现状进行描述性分析，并对住房资产影响旅游、教育消费支出的作用进行初步检验。

　　调查数据显示，在"过去一年（2014 年）"中，北京、上海和广州三地中有 33.8% 的受访者报告其没有旅游消费支出，27.6% 的受访者其家庭旅游消费支出在 0—5000 元这一区间。26.0% 的居民其家庭旅游消费支出在 20001—50000 元。另有 9.4% 与 3.1% 的受访者报告他们 2014 年家庭旅游消费支出分别在 20001—50000 元与 50000 元以上。样本的均值为 11628.81 元，标准差为 32881.38。而在教育消费支出上面，有 52.0% 的受访者所在的家庭在 2014 年没有教育消费，其比例明显高于旅游消费支出。支出在 0—5000 元的受访者比例为 13.6%，有 23.5% 的居民家庭教育支出在 5000—20000 元这一区间内。另有少部分居民其家庭教育消费支出在 20001—50000 元以及 50000 元以上这两个区段内，占比分别为 8.8% 和 2.1%。样本的均值为 9660.95 元，标准差为 31069.35（见表 5 - 1）。从表中可以明显看出，当前特大城市居民家庭的两项消费差异较大，呈现出一种分布不平衡的不平等状态。

表 5 - 1　　　　　特大城市居民旅游消费与教育消费的分布　　（单位：%）

	旅游消费支出	教育消费支出
没有支出	33.8	52.0
0—5000 元	27.6	13.6
5001—20000 元	26.0	23.5
20001—50000 元	9.4	8.8
50000 元以上	3.1	2.1
均值（单位：元）	11628.81	9660.95
标准差	32881.38	31069.35

在不同城市财富效应的分布方面，研究结果也反映出各个城市样本之间存在较大的差异。图 5 - 1 直观地显示了北京、上海与广州三地城市居民家庭旅游消费支出与教育消费支出的基本情况。其中在旅游消费支出方面，居住于北京的居民其均值为 10644 元，低于

上海居民报告的 16189 元,高于广州居民的均值 7098 元。在教育消费支出上,三地之间的差距小于旅游消费支出。其中北京居民的均值为 8974 元,略低于上海的 10977 元,与广州居民的 8805 元基本持平。特大城市内部在旅游与教育消费支出的巨大差异性,也提示我们在中国各个区域、大小城市、城市与农村之间也存在着不平衡与不平等。

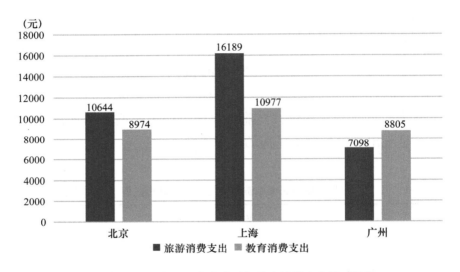

图 5-1　三城市居民家庭旅游与教育消费支出的平均值

　　由于在本章中笔者研究的是住房资产所形成的财富效应,因此需要关注于住房资产持有量的多少对于家庭旅游和教育消费支出的相关影响。表 5-2 的数据反映了不同住房资产分层下城市居民家庭旅游消费的分布状况。为了表格呈现的简洁与便利,笔者将表 5-1 中的"没有支出"和"0—5000 元"合并为"5000 元及以下"。数据显示,对于住房资产在 100 万元及以下的城市居民来说,其旅游消费支出也明显偏低。有 1660 名受访者报告 2014 年家庭旅游消费支出在 5000 元及以下,占比超过了 3/4,达到了 77.5%。而这一比例随着居民家庭住房资产持有量的增加而不断降低,住房资产为 101

万—500 万元、501 万—1000 万元和 1001 万元及以上这三个区间的居民对应比例分别为 56.2%、23.3% 和 24.6%。另仅有 14 人（0.7%）报告其过去一年旅游消费超过了 50000 元，而旅游高消费的比例随着住房资产的增长而提升，分别对应 2.6%、13.6% 和 18.8%。表 5－2 直观地反映了住房资产与家庭旅游消费支出之间具有一定的相关关系，住房资产越高的家庭，其旅游消费支出也较高。列联表的卡方检验值为 932.63，显著性水平达到了 0.000，证明住房资产与家庭旅游列联表的数据并不是随机分布。另外，住房资产 4 个不同分组对应的旅游消费支出均值也反映出两者之间具有较强关联。家庭旅游消费支出均值分别为 5551 元、11334 元、33126 元与 52668 元，随着住房资产的增长而迅速扩大，差距十分明显。住房资产与旅游消费的皮尔逊相关系数为 0.180，并在 0.01 的显著性水平上高度相关。

表 5－2　　　　　　　住房资产与家庭旅游消费支出的交互分类

住房 ＼ 旅游	5000 元及以下	5001—20000 元	20001—50000 元	50000 元以上
100 万元及以下	1660（77.5%）	394（18.4%）	75（3.5%）	14（0.7%）
101 万—500 万元	1333（56.2%）	743（31.3%）	235（9.9%）	61（2.6%）
501 万—1000 万元	118（23.3%）	164（32.4%）	155（30.6%）	69（13.6%）
1001 万元及以上	17（24.6%）	24（34.8%）	15（21.7%）	13（18.8%）
$\chi^2 = 932.63$			P = 0.000	

　　此外，如同前文所述，住房资产与家庭教育支出之间也存在较为明显的关联（见表 5－3）。结果显示，住房资产较少的受访者，其家庭教育开支也明显偏少。例如，家庭住房资产在 100 万元及以下的受访者，家庭教育消费支出在 5000 元及以下的有 1554 人，占比达到了 72.5%，消费在 20001—50000 元和 50000 元以上的比例仅

为 5.2% 和 0.9%。而对于住房资产拥有量较高的家庭来说，其家庭教育消费支出明显提高。例如，住房资产在 501 万—1000 万元的受访者家庭，教育支出在 5000 元及以下的比例明显低于住房资产 100 万元的样本，仅为 46.5%，而 20001 元以上的比例达到了 25.8%。这一比例与住房资产在 1001 万元及以上的居民样本相接近（26.0%）。列联表的卡方检验值为 932.63，显著性水平为 0.000，同样说明住房资产与家庭教育消费并不是随机分布的，两者之间具有一定的关联。从均值分布来看，住房资产四个分组的家庭教育消费支出分别为 6464 元、9662 元、21298 元和 23684 元。住房资产与家庭教育消费之间呈现同向增长的趋势，且以住房资产 500 万元为分界点，前后两组的家庭教育支出的差额巨大。另外，住房资产与家庭教育消费之间的皮尔逊相关系数为 0.109，并在 0.01 的显著性水平上具有相关性，初步表明家庭拥有高额住房资产能够显著促进教育消费支出，具有真实的财富效应。

表 5 - 3　　　　　　　　住房资产与家庭教育消费支出的交互分类

家庭教育消费支出／住房资产	5000 元及以下	5001—20000 元	20001—50000 元	50000 元以上
100 万元及以下	1554（72.5%）	457（21.3%）	112（5.2%）	20（0.9%）
101 万—500 万元	1512（63.7%）	587（24.7%）	216（9.1%）	57（2.4%）
501 万—1000 万元	237（46.8%）	138（27.3%）	108（21.3%）	23（4.5%）
1001 万元及以上	39（56.5%）	12（17.4%）	11（15.9%）	7（10.1%）
$\chi^2 = 932.63$			P = 0.000	

由于住房作为一种兼有居住和投资属性的特殊商品，这种价值二重性体现在当居民仅有一套自有住房时，住房所具有的财富很难"变现"，这时的住房资产效应可能会受到住房居住属性的制约而有所下降，而对于拥有两套或更多自有住房的居民来说，在满

足了基本居住需要以后，剩余的住房就成为随时可以变现的资产。也就提示笔者对于住房资产效应的呈现，不仅需要关注住房资产数额这一绝对指标，还必须关注城市居民自有住房的数量对财富效应大小的有关影响。图 5 - 2 反映了城市居民不同住房套数下住房资产形成的不同效应。从图中可以看出，对于没有自有住房的城市居民所在的家庭来说，他们的旅游消费支出和教育消费支出的均值为 5433 元和 5315 元，远远低于拥有自有住房的居民，可见缺乏住房资产严重制约了他们对教育的投资和自身需求的升级。仅拥有 1 套自有住房的居民，旅游和教育消费支出的均值为 9722 元和 8952 元，自有住房代表的财富一定程度上改善了其生活条件。数据变动趋势大幅变动发生在拥有 2 套住房及 3 套住房以上的样本中，在这里，两种家庭消费的均值分别达到 20792 元、13589 元以及 32313 元和 24517 元，增长幅度远远高出 1 套房家庭对比无房家庭的增幅。这一现象和趋势明显反映出，2 套房以及多套房家庭由于拥有较多的可以在市场上出售的住房资产，因此大幅刺激了家庭旅游与教育消费，住房的财富效应显现得淋漓尽致。因此这也提示我们不同房产数量的家庭其住房财富效应的表现形式也有所不同。

　　住房除了财富属性而具有促进家庭消费的正向财富效应外，居民在购买住房、支付房贷等方面的住房支出也有可能对家庭消费产生"挤压效应"。在本章中，笔者同样运用列联表的方式，呈现住房支出与旅游、教育消费之间的关联。从表 5 - 4 中可以看出，相对于 2014 年没有住房支出的城市居民家庭来说，住房支出在 0—5000 元的受访者所在的家庭旅游支出在 5000 元及以下的比例为 72.6%，高于前者的 61.0%，旅游支出在 20001—50000 元和 50000 元以上的比例为 2.4% 和 0.5%，也都分别低于前者的 10.1% 和 3.4%。这一数据表现出住房支出在 0—5000 元这一区间的城市居民旅游消费受到了一定的抑制。但是对于住房支出大于 20000 元的城市居民家庭来说，这种趋势并没有得以继续显现。这

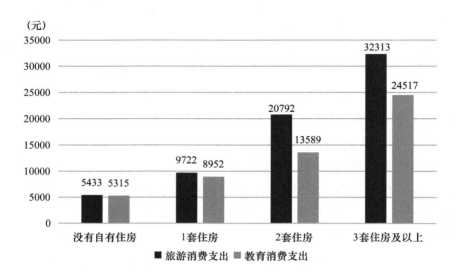

图 5 - 2　城市居民不同房产数量的财富效应分布

一区间的受访者中，旅游消费低于 5000 元的样本仅为 53.4%，为
4 组中的最低值，而有 16.7% 的居民报告其家庭旅游消费支出在
20001 元及以上，为 4 组中的最高值。这表明住房支出对消费的挤
压效应可能并不是普遍性的。列联表的卡方检验值为 79.36，显著
性水平为 0.000。

表 5 - 4　　　　　　　住房支出与家庭旅游消费支出的交互分类

家庭旅游消费支出 住房支出	5000 元 及以下	5001— 20000 元	20001— 50000 元	50000 元 以上
没有支出	1890（61.0%）	790（25.5%）	312（10.1%）	105（3.4%）
0—5000 元	401（72.6%）	129（23.4%）	19（2.4%）	3（0.5%）
5000—20000 元	385（64.6%）	153（25.7%）	47（7.9%）	11（1.8%）
20000 元以上	452（53.4%）	253（29.9%）	103（12.2%）	38（4.5%）
$\chi^2 = 79.36$			P = 0.000	

表5-5反映了住房支出与家庭教育消费之间的分布状况。从表中可以看出，住房支出对教育消费的影响与旅游消费的场合十分相似。例如，住房支出在0—5000元这一区间的城市居民家庭，其教育消费在5000元及以下的比例最高，为75.5%，旅游消费在20001—50000元和50000元以上的比例则为全组最低，分别为3.3%和0.5%。这说明一定数额的住房支出同样对教育消费产生了挤压效应。而住房支出较高的家庭，其家庭教育支出的挤压效应却同样表现得不明显。住房支出在20000元以上的受访者家庭，家庭教育消费在5000元以下的比例仅为58.6%，明显少于没有支出的家庭。而这一区间教育支出高于20000元的比例分别为11.7%和4.6%，为4组中最高。列联表的卡方检验值为116.52，显著性水平为0.000。由于描述性统计中反映的住房支出的挤压效应具有差异性，因此这一效应需要进入回归方程中加以准确识别和检验。

表5-5　　　　　　　住房支出与家庭教育消费支出的交互分类

家庭教育消费支出　　住房支出	5000元及以下	5001—20000元	20001—50000元	50000元以上
没有支出	2103（67.9%）	682（22.0%）	260（8.4%）	52（1.7%）
0—5000元	417（75.5%）	114（20.7%）	18（3.3%）	3（0.5%）
5000—20000元	327（54.9%）	186（31.2%）	70（11.7%）	13（2.2%）
20000元以上	496（58.6%）	212（25.1%）	99（11.7%）	39（4.6%）
$\chi^2 = 116.52$			P = 0.000	

第二节　模型的选择和统计结果的解读

在本章中，为了更为准确地探索住房财富效应即住房资产对于家庭旅游消费和教育消费的影响，笔者分别将其作为主要自变量和因变量进入回归模型进行统计分析。考虑到部分样本中家庭旅游消费支出、家庭教育消费支出的值为0，尤其是一些家庭中没有正在接受教育的子女，这同样是一种左删截的连续型数据，因此使用一般的线性回归模型也将给模型带来不可预知的偏误。因此，笔者参照第四章的做法，同样使用了 Tobit 模型进行回归拟合①。同时，考虑到家庭的其他经济行为例如结余储蓄对旅游和教育消费的影响，以及家庭人口数量、家庭接受教育的子女数量、家庭收入、受访者的个体特征对因变量的作用，笔者将这些变量作为控制变量纳入回归模型。表5-6和表5-7分别是住房资产与家庭旅游消费支出、住房资产与家庭教育消费支出的回归模型。需要注意的是，模型中的变量均通过了多重共线性诊断，各个变量之间不存在明显的共线性。

模型2-1是住房资产与家庭旅游消费支出的财富效应基准模型。在控制了受访者的性别、世代、婚姻、政治面貌、户籍、教育程度、职业、单位性质以及所在城市等因素以后，控制变量中的结余储蓄对旅游消费在0.05显著性水平上产生了正向作用，系数为0.068。拥有本地住房的城市居民其家庭旅游消费支出也更多，其系数为1.071，显著性水平达到了0.001。家庭收入也对旅游消费支出具有正向促进作用，其模型系数为1.316，且同样在0.001的显著性水平上相关。另外，家庭人口数在模型中对旅游消费支出没有明显作用。在自变量方面，住房资产显著影响了家庭的旅游消费支出，住房资产越多的家庭其旅游消费支出也相应增加，且在0.001的显著性水平上相关。模型的 Pseudo R^2 为0.063，具有一定的解释力。从基准模型看，住房具有普遍性的财富效应，假设4中住房资产对于旅游消费的正向作用这一判断成立。

---

① 对于 Tobit 模型的公式、适用范围和解释，笔者已在第四章中加以详细说明，因此在本章中不再赘述。

　　模型 2-2 与模型 2-3 分别研究了住房的"挤压消费效应"对无房家庭和有房家庭的影响。在控制了受访者的个体特征和所在城市以后，拥有本地住房、结余储蓄和家庭收入均对无房家庭的旅游消费支出在不同显著性水平上产生了促进作用，而依然没有证据表明家庭人口数会对旅游消费产生显著影响。这一点与模型 2-1 十分相似。在关键自变量上，无房家庭的住房支出对旅游消费产生了负向作用，住房支出越多，相应的旅游消费支出就缩减。模型系数为 -0.092，显著性水平为 0.05。这证实了住房支出对无房家庭产生了挤压效应。而拥有住房公积金在一定程度上能缓解无房家庭的挤压效应。数据显示，报告拥有住房公积金的城市无房居民其家庭旅游消费支出较高，系数为 1.342，显著性水平为 0.01。在有房家庭样本的模型 2-3 中，在控制了个体特征以及所在城市以后，结余储蓄、本地住房和家庭收入同样对旅游消费支出起到了正向作用，并分别在 0.05、0.001 和 0.001 的显著性水平上相关。但与无房家庭样本有所区别的是，住房贷款以及住房支出与旅游消费之间不存在统计学意义上的相关性，这就证明住房的"抵押负债效应"或是"挤压效应"不明显，假设 5-1 与假设 5-2 得到了证实。住房公积金同样对有房家庭的旅游消费具有正向作用，且在 0.001 的显著性水平上高度相关。这说明住房公积金作为住房保障的一种形式，对于有房家庭来说可以极大地缓解还贷压力，对于无房家庭来说则可以增加购买住房的预期和信心，有助于他们将资金更多地投入旅游等享受型消费。两个模型的 Pseudo R^2 分别为 0.081 和 0.060，无房家庭模型的解释力稍强。

　　模型 2-4、模型 2-5 和模型 2-6 则呈现了城市有房家庭中房产数量对于财富效应的影响。需要特别说明的是，在这一组模型中，笔者注意到有房家庭不同房产的获得方式、信贷模式以及交易方法之间具有差异性，这就造成住房资产与住房贷款、住房公积金之间可能存在的交互作用，从而使住房资产数值在模型中出现不同的斜率（difference in slopes）。因此笔者在这一组模型中加入了"住房资产与住房贷款（住房支出）的乘积项"和"住房资产与住房公积金"的乘积项。模型2-4在控制了受访者个体特征以及所在城市以后，发现控制变量中的结余储蓄、本地住房以及家庭收入依然与旅游消费具有统计学上的关联性。具有本地住房、结余储蓄越多、家庭收入越多的受访者，其家庭旅游支出越多，即财富效应随之增大。自变量中住房资产拥有量依然发挥了重要作用，其系数为0.506，并在0.01的显著性水平上相关。与之前的模型结果有所不同的是，住房贷款（住房支出）以及住房公积金在这一模型中没有明显相关性。相应的，也没有证据表明住房资产与住房支出、住房公积金的乘积项在模型中具有相关性。在模型2-5的二套房家庭样本中，结余储蓄这一控制变量不再发挥明显作用，而家庭人口数量对于二套房家庭的旅游消费支出形成了正向作用。在自变量上，与模型2-4类似，住房资产与旅游支出具有正向关联，系数为0.656，相较于一套房家庭样本有所增长，说明二套房家庭住房资产数额对旅游支出的边际效应比一套房家庭来说更强。住房贷款支出、住房公积金、住房资产与住房贷款的交互项以及住房资产与住房公积金的交互项均在模型中没有显著影响。模型2-6反映的多套房家庭样本中，在控制了受访者个体特征以及所在城市的因素以后，控制变量中的结余储蓄、本地住房和家庭人口数均对因变量住房资产没有显著作用，仅有家庭收入这一项对住房资产具有正向作用，且系数为0.944，明显高于一套房家庭与二套房家庭的样本，并在0.001的显著性水平上相关，说明在满足了自身基本居住需要和改善型居住需要以后，多套房家庭住房作为一种"财富意义"、投资价值体现得更为明显。住房资产的增长对于多套房家庭的旅游消费增长的边际效应进一步增强。自变量中，住房资产越多、拥有住房公积金的多套房家庭财富效应越明显，而住房贷款支出在这一模型中也具有正向作用，这表明对于多套房家庭来说，住房支出的抵押负债效应已经被财富效应所抵消，住房信贷不但没有成为制约他们消费以及财富增长的锁链，反而更进一步增加了这些家庭的财富，从而提升了财富效应。在交互项上，住房资产与住房公积金的乘积项系数为负，且具有统计学意义上的相关性，这表明有住房公积金的引入使得模型中住房资产增长的斜率下降，即相对于没有住房公积金的家庭来说，有住房公积金的家庭住房资产的边际效应缩减。综上所述，上述一组模型证实假设 6 得以成立。三个模型的 Pseudo R^2 分别为 0.056、0.046 和 0.1。

模型 2－7 是财富效应中旅游消费部分的总模型。从表中可以看出，在控制了受访者个体特征和所在城市之后，结余储蓄、本地住房以及家庭收入这三组控制变量对因变量家庭旅游消费起到正向作用，其系数分别为 0.065、1.080 和 1.347，且均在 0.001 的显著性水平上相关。家庭人口数在全模型中对住房资产没有明显的作用。在自变量方面，与之前分样本模型保持一致的是，住房资产依然具有普遍的、明显的正向作用，自有住房市值越高的家庭，其旅游消费支出也相应增加，系数为 0.340，显著性水平为 0.001。住房的"财富效应"得到了进一步证实。没有证据表明住房贷款或是住房支出对旅游消费产生实质作用，因此"挤压效应"有待进一步研究。住房公积金对住房的财富效应具有正向作用，拥有住房公积金的居民，其家庭旅游消费支出高于那些没有公积金的家庭，住房公积金成为家庭享受型消费的一种保障机制。与模型 2－6 相似的是，交互项中住房资产与住房支出没有显著影响，但住房资产与住房公积金的乘积项的系数为负值，说明考虑到公积金因素后，住房资产对于旅游支出提升的边际效用在减少。模型的 Pseudo R^2 为 0.057，可以解释总体 5.7% 的方差。全模型各个变量之间系数的作用方向、显著性水平与分样本模型基本保持一致，说明模型具有较强的稳健性。

表 5 - 6

住房资产对家庭旅游消费支出的 Tobit 模型

	模型 2 - 1	模型 2 - 2	模型 2 - 3	模型 2 - 4	模型 2 - 5	模型 2 - 6	模型 2 - 7
	基准模型	无房家庭	有房家庭	一套房家庭	二套房家庭	多套房家庭	总模型
	B(SE)						
住房资产	0.232***			0.506**	0.656*	0.944***	0.340***
	(0.039)			(0.185)	(0.318)	(0.265)	(0.065)
住房贷款(住房支出)		-0.092*	0.024	0.078	-0.113	0.303*	0.073
		(0.051)	(0.020)	(0.106)	(0.220)	(0.142)	(0.037)
住房公积金		1.342**	1.150***	1.704	-1.951	4.242**	1.821***
		(0.475)	(0.202)	(1.029)	(2.207)	(1.345)	(0.348)
住房资产*住房贷款				-0.011	0.025	-0.038	-0.006
				(0.020)	(0.036)	(0.025)	(0.007)
住房资产*住房公积金				-0.113	0.487	-0.494*	-0.157*
				(0.199)	(0.369)	(0.245)	(0.070)
结余储蓄	0.068*	0.147**	0.048*	0.055*	-0.001	0.072	0.065***
	(0.017)	(0.044)	(0.019)	(0.024)	(0.033)	(0.061)	(0.017)
本地住房	1.071***	1.796**	1.037***	0.840**	0.185	0.473	1.080***
	(0.208)	(0.536)	(0.237)	(0.318)	(0.476)	(0.804)	(0.222)

续表

	模型 2-1 基准模型	模型 2-2 无房家庭	模型 2-3 有房家庭	模型 2-4 一套房家庭	模型 2-5 二套房家庭	模型 2-6 多套房家庭	模型 2-7 总模型
	B(SE)						
家庭人口数	0.096	0.013	0.122	0.031	0.378**	-0.484	0.090
	(0.071)	(0.192)	(0.079)	(0.099)	(0.143)	(0.261)	(0.073)
家庭收入	1.316***	1.030***	1.543***	1.852***	0.405**	2.012***	1.347***
	(0.085)	(0.192)	(0.097)	(0.143)	(0.150)	(0.385)	(0.087)
受访者个体特征	已控制	已控制	已控制	已控制	已控制	已控制	已控制
城市	已控制	已控制	已控制	已控制	已控制	已控制	已控制
常数项	-14.067***	-12.688***	-16.796***	-22.260***	-3.879	-25.402***	-15.919***
	(0.983)	(2.289)	(1.134)	(1.035)	(2.158)	(4.269)	(1.029)
Pseudo R^2	0.063	0.081	0.060	0.056	0.046	0.122	0.057
N	4989	965	3868	2745	856	266	4833

注：（1）* $p < 0.05$，** $p < 0.01$，*** $p < 0.001$。（2）控制变量中"受访者个体特征"包含了性别、世代、婚姻、政治面貌、户籍、教育程度、职业以及单位性质。基于本章主题以及表格设计考虑，笔者省略了上述变量的报告。

表5-7　住房资产对家庭教育消费支出的 Tobit 模型

	模型3-1 基准模型	模型3-2 无房家庭	模型3-3 有房家庭	模型3-4 一套房家庭	模型3-5 二套房家庭	模型3-6 多套房家庭	模型3-7 总模型
				B(SE)			
住房资产	0.166** (0.052)			0.510** (0.185)	0.679* (0.319)	0.951* (0.266)	0.147* (0.088)
住房贷款(住房支出)		0.091 (0.050)	0.024 (0.020)	0.071 (0.106)	-0.149 (0.221)	0.305* (0.143)	-0.010 (0.050)
住房公积金		1.346** (0.475)	1.143*** (0.202)	1.730 (1.029)	-1.767 (2.219)	4.265** (1.352)	0.853 (0.473)
住房资产*住房贷款				-0.009 (0.020)	0.031 (0.037)	-0.040 (0.025)	0.027** (0.010)
住房资产*住房公积金				-0.118 (0.199)	0.453 (0.371)	-0.499* (0.247)	-0.192* (0.095)
结余储蓄	-0.016 (0.023)	0.147** (0.044)	0.049* (0.019)	0.055* (0.024)	0.008 (0.033)	0.066 (0.062)	-0.004 (0.023)
本地住房	1.329 (0.274)	1.813** (0.535)	1.039*** (0.242)	0.798* (0.319)	0.181 (0.479)	0.483 (0.809)	1.643 (0.293)

续表

	模型 3-1 基准模型	模型 3-2 无房家庭	模型 3-3 有房家庭	模型 3-4 一套房家庭	模型 3-5 二套房家庭	模型 3-6 多套房家庭	模型 3-7 总模型
				B(SE)			
家庭接受教育子女数	5.670***	0.216	-0.231	-0.359	0.130	-0.548	5.687***
	(0.203)	(0.405)	(0.173)	(0.216)	(0.315)	(0.590)	(0.206)
家庭收入	1.086***	1.033***	1.577***	1.869***	0.455**	1.886***	1.082***
	(0.113)	(0.191)	(0.096)	(0.142)	(0.149)	(0.379)	(0.117)
受访者个体特征	已控制	已控制	已控制	已控制	已控制	已控制	已控制
城市	已控制	已控制	已控制	已控制	已控制	已控制	已控制
常数项	-16.100***	-12.742***	-16.807***	-22.284***	-3.592	-25.143***	-16.711***
	(1.338)	(2.290)	(1.135)	(1.710)	(2.164)	(4.286)	(1.398)
Pseudo R²	0.106	0.066	0.053	0.055	0.045	0.121	0.108
N	4989	965	3868	2745	856	266	4833

注：（1）* p<0.05，** p<0.01，*** p<0.001。（2）控制变量中"受访者个体特征"包含了性别、世代、婚姻、政治面貌、教育程度、职业以及单位性质。基于本章主题以及表格设计考虑，笔者省略了上述变量的报告。

　　模型 3-1 是住房财富效应中对家庭教育消费支出的基准模型。在这组模型中，考虑到教育支出主要用于家庭中正在接受教育的子女，笔者将控制变量中的家庭人口数替换为家庭正在接受教育的子女数。基于同样做法，笔者控制了性别、世代、婚姻、政治面貌、户籍、教育程度、职业、单位性质等个体特征因素和所在城市可能造成的影响。结果发现，控制变量中的结余储蓄和拥有本地住房与教育支出没有直接关联，家庭正在接受教育的子女数量显然成为影响家庭教育投入的关键变量，其系数达到了 5.670，并在 0.001 的显著性水平上相关。自变量住房资产对于教育支出具有显著的正向影响，系数为 0.166。这证实住房资产对于财富效应中的教育支出也产生了普遍性的作用，假设 4 中的全部论断成立。模型的 Pseudo R^2 为 0.106，具有较强的解释力。

　　模型 3-2 与模型 3-3 是研究住房支出所产生的挤压消费效应是否对有房家庭和无房家庭产生差异性的影响。与模型 2-2 和模型 2-3 的旅游消费模型有所不同的是，在控制了相关变量之后，住房贷款或住房支出在模型中均没有显著作用，即没有证据证明住房支出对教育消费产生了强大的挤压效应。这表明当前教育成为社会阶层流动的主要途径已经被大多数社会成员所认同，对子女、自身或其他家庭成员的教育投入已经被视作一种"刚需"型的存在。另外，无论是否具有自有住房，拥有住房公积金的家庭依然在教育支出上具有优势，显著性水平分别达到了 0.01 和 0.001。因此，在财富效应的教育支出上，缺乏证据支持假设 5-1 与假设 5-2 中相应论述，住房支出的挤出效应仅体现在享受型的旅游消费上。

　　模型 3-4、模型 3-5 与模型 3-6 呈现了家庭自有住房的不同数量下住房资产对于教育支出的影响。与旅游消费支出模型相同，笔者在这一组模型中同样加入了住房资产与住房贷款和住房公积金的交互项。研究结果表明，在控制了结余储蓄、受教育子女数量、家庭收入个体特征、所在城市等相关变量以后，住房资产仍然对家庭教育支出具有统计学意义上的正向作用，且这种作用力度随着房屋套数的增加而不断增强。这一现象与旅游消费财富效应相类似，即住房资产效应的反映并不仅仅取决于财富价值数量的多少，还取决于房产对于居民在多大程度上具有可变现的"财产意义"。因此，多套房家庭随着住房资产的增加，就更有意愿也更有可能加大对子女和家庭成员的教育支出。另外，住房资产与住房公积金的乘积项在多套房家庭样本中的系数为负，同样说明住房公积金能够减少住房资产的边际效用，即在多套房家庭样本中，拥有住房公积金的受访者其家庭教育支出差距较小。在这里，假设 6 对教育支出财富效应的判断也得以成立。

　　模型 3-7 是住房财富效应对家庭教育支出影响的总模型。模型数据显示，在控制了性别、世代、婚姻、职业等个体特征因素以及所在城市以后，控制变量中的家庭接受教育的子女数量和家庭收入在模型中对教育支出具有正向作用，系数分别为 5.687 和 1.082，显著性水平均达到了 0.001。在自变量与调节变量的交互项上，住房资产对家庭教育支出具有显著的正向作用，系数为 0.147。住房贷款与住房公积金在模型中对教育支出不具有明显的关系，但住房资产与住房贷款的乘积项在模型中的系数为正，并具有统计学意义上的相关性。这说明住房贷款对于住房资产对家庭教育支出的边际效用起到了正向的调节作用，住房贷款越多的家庭其住房资产的边际效用越大。这说明在住房金融化的时代，对于拥有高额住房资产的家庭来说，住房贷款没有成为制约家庭消费的桎梏，反而由于住房资产升值大于住房贷款支出的成本，金融信贷成为财富增长的一种机制。与之前的结论相类似，住房资产与住房公积金的乘积项的系数为负，说明住房公积金一定程度上降低了住房资产效应的边际效应，一定程度上缓解了住房资产对于社会不平等的效应。全模型的 Pseudo R^2 为 0.108，能够解释总体中 10.8% 的误差，具有较强的解释力。

第三节　本章小结

在本章中，笔者通过描述性统计分析呈现了以北京、上海和广州为代表的特大城市居民家庭旅游与教育消费的分布与基本特征，并分析了住房财富效应对于两种消费的影响机制。研究结果表明，当前特大城市居民在家庭旅游消费支出与教育消费支出上呈现出巨大的差异性，分布极不平衡，三个城市之间也存在较大差距。在使用列联表分析和均值检验等方法进行初步分析后，笔者发现首先住房资产对家庭旅游和教育消费起到了促进作用，住房资产越高的家庭，其旅游与教育支出也相应提高，无房家庭则处于旅游和教育消费的低位，住房资产具有明显的财富效应。其次，住房资产可能具有差异性的作用机制，相比于一套房家庭来说，二套房家庭与多套房家庭的财富效应更为明显。另外，在住房支出的挤压效应方面，描述性统计分析明确了住房支出在一定程度上压缩了居民的旅游和教育消费，但这种效应只存在于一部分较低支出的样本，对于住房支出位于高位的居民来说，这种效应并不明显。

在使用了 Tobit 模型对住房财富效应、住房挤压效应对于家庭旅游和教育消费的影响进行回归拟合后，结果反映在控制了相关变量以后，住房资产具有普遍性和累积性，能够明显地增加城市居民家庭在上述两项的消费数额。而住房支出或住房贷款的挤压效应受到家庭房产数量的制约，表现为对于有房家庭，挤压旅游和教育支出的效应不明显，对于无房家庭的效应较为明显。另外，对于有房家庭来说，财富效应受到不同房产数量的影响，多套房家庭的住房财富效应更为突出。在其中，住房公积金与住房支出对财富效应产生了一定的调节作用，从而基本验证了假设4、假设5与假设6。从本章结果上看，住房资产与家庭旅游和教育消费之间的正向关联，成为形成社会不平等的一种重要机制。社会财富在向有房者、多房者聚集的同时，又进一步提升了他们的消费，从而在广泛意义上提升了他们的生活品质和文化资本、社会资本的再生产。住房不仅成为阶层不平等塑造的结果，又在很大程度上生产着社会不平等，而这种不平等又会给人们的阶层意识、获得感等社会心态方面造成诸多宏观与微观层面的影响。

第 六 章

住房资产和财富效应对获得感的
影响机制

第一节　城市居民获得感的现状及基本特征

正如笔者在文献综述中所提及的，当前学界对于获得感的研究和测量处于起步阶段，现有的研究对于城市居民获得感的现状和基本特征关注也需要加强。一项针对上海居民获得感的研究指出，对于"直到现在为止，我都能够得到我在生活上希望拥有的重要东西"的满足感测量，1 分表示"非常不同意"、7 分表示"非常同意"的赋值下，其均值为 4.456 分，表明居民的获得感还有较大的提升空间（袁浩、陶田田，2019）。一项基于中国劳动力调查（CLDS2016）对主观地位获得感的研究表明当前中国居民的地位获得感偏低，均值为 4.31 分，低于中位数的 5.5 分（项军，2019）。在本章中，笔者同样首先对样本中受访者的绝对获得感即地位获得感和相对比较获得感进行描述性比较分析。表 6 - 1 呈现了相应的描述统计结果。

表6-1　　　　　　　　特大城市居民获得感的基本特征　　　　　（单位：%）

	地位获得感	相对比较获得感
下层／下降很多	9.8	2.1
中下层／略有下降	30.1	9.9
中层／没有变化	46.4	45.8
中上层／略有上升	12.7	38.8
上层／上升很多	0.9	3.4
均值（单位：分）	2.64	3.31
标准差	0.85	0.78

　　表6-1的数据反映出，有接近一半的受访者（46.4%）认为其综合地位处于社会的中层，认为自身地位处于下层和中下层的比例分别为9.8%和30.1%，远远高于中上层和上层的12.7%和0.9%。从总体上看，当前特大城市居民的地位获得感处于中间偏下水平，其均值为2.64分，标准差为0.85，低于中位数的3分，与之前研究结果基本一致。地位获得感具有较大的提升空间。在相对比较获得感上，也有45.8%的城市居民认为其生活水平与身边的同事、朋友或邻居相比没有太大变化，但与地位获得感有所不同的是，认为自身生活水平略有上升和上升很多的比例远远大于略有下降和下降很多的比例。相对比较获得感的均值为3.31分，标准差为0.78，高于中位数的3分。这表明从相对比较视角来看，特大城市居民对自身生活水平的提高持有较为积极的态度。

　　另外，获得感在三城市之间也呈现出一定的区别和相应的特点。例如在地位获得感上，生活在上海的城市居民有较高的比例认同自身综合地位位于中上层或上层，占比分别为20.4%和1.4%，明显高于北京地区的10.1%、0.7%和广州地区的6.1%、0.5%。而广州居民地位获得感相对较低，认为自身处于下层和中下层的比例分别为14.0%和36.8%，均明显高于北京的8.9%和33.3%和上海的

7.3%和21.8%。三城市地位获得感的均值分别为2.60、2.87与2.42。在相对比较获得感上,居住于北京的城市居民有超过一半的比例(51.0%)认为生活水平与周围人没有较大差别,这一占比超过上海的43.2%和广州的43.1%。而相比而言,上海与广州居民认为生活水平"略有上升"的比例高于北京地区。三地相对比较获得感的均值分别为3.29、3.36和3.29(见图6-1)。

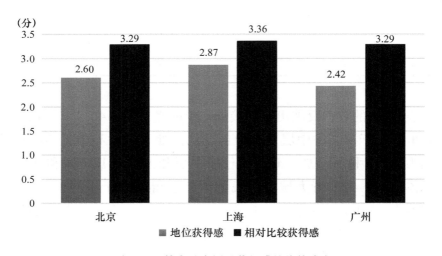

图6-1 特大城市居民获得感的均值分布

作为城市家庭财富的重要组成部分,住房资产的拥有量也极有可能对居民获得感产生重要影响。笔者研究发现,对于住房资产在100万元及以下的家庭来说,他们的地位获得感相对偏低,认为自身综合地位属于"下层"和"中下层"的比例为15.3%和38.3%,认为属于"中上层"和"上层"的占比仅为5.6%和0.4%。而与之形成鲜明对比的是,对于住房资产拥有量在101万—500万元的家庭来说,地位认同偏下的比例大大降低,占比分别为1.0%和11.3%,而这一财富区间的受访者认为属于"中上层"和"上层"的比例达到了27.3%和4.2%,差距悬殊。样本在4组住房资产分组下的地位获得感的均值分别为2.38、2.75、3.22、3.30,标准差分别为

0.82、0.82、0.74和0.79，可以很明显地看出，随着住房资产值的增长，居民的地位获得感也随之增长，具有明显的正向关联。在相对比较获得感方面，住房资产较低的家庭往往呈现出较强的相对剥夺感，其相对获得感偏低。例如，对于住房资产在100万元及以下和101万—500万元的家庭来说，认为自身生活水平"下降很多"和"略有下降"分别为2.9%、10.6%和1.8%、10.2%，高于住房资产拥有量较高的家庭。而其认同"略有上升"和"上升很多"的占比分别仅为36.9%、2.6%和37.4%、3.6%，明显低于住房资产501万—1000万元的51.8%、5.9%和1001万元及以上的49.3%和5.8%。4组住房资产分组下样本相对获得感的均值分别为3.26、3.31、3.56和3.52，标准差分别为0.77、0.79、0.73和0.76，从均值分布来看，相对获得感与住房资产之间也可能存在一定的关联（见表6-2）。

表6-2　　　　　不同住房资产下居民获得感均值的分布状况

	地位获得感		相对比较获得感	
	均值	标准差	均值	标准差
100万元及以下	2.38	0.82	3.26	0.77
101万—500万元	2.75	0.82	3.31	0.79
501万—1000万元	3.22	0.74	3.56	0.73
1001万元及以上	3.30	0.79	3.52	0.76

　　旅游消费支出作为个人和家庭满足休闲娱乐需要、提升生活幸福感的重要途径，消费支出的多少与获得感之间的关联也显得十分重要。统计结果显示，旅游消费支出在5000元及以下的家庭，其成员地位获得感偏低的比例较大，分别有13.8%和36.5%的受访者报告其地位属于"下层"和"中下层"，总和占比超过了50%。而在旅游高消费的家庭，这一比例呈现出倒置的现象，即地位获得感偏

低的比例很少。旅游支出在 50000 元以上的家庭报告其地位获得感为"下层"或"中下层"的占比仅为 1.3% 和 6.4%，报告"中上层"和"上层"的比例为 43.9% 和 7.0%。4 组旅游消费支出下地位获得感的均值分别为 2.45、2.83、3.16 和 3.49，标准差分别为 0.84、0.75、0.74 和 0.77。在相对比较获得感上，旅游消费支出的扩张能够显著减少相对剥夺感的形成。例如，5000 元及以下的家庭成员认为自身生活水平与周围人相比"下降很多"与"略有下降"的比例分别为 3.2% 和 12.3%，而当旅游消费支出在 50000 元以上时，这两项占比分别降至 1.9% 和 0.6%，而认同生活水平"略有上升"和"上升很多"的占比也稳固提高。4 组旅游消费支出下相对获得感的均值分别为 3.17、3.47、3.69 和 3.74，标准差为 0.79、0.70、0.72 和 0.75（见表 6 - 3）。旅游支出与获得感之间存在较为明显的正向关联。

表 6 - 3   不同旅游消费支出下居民获得感均值的分布状况

	地位获得感		相对比较获得感	
	均值	标准差	均值	标准差
5000 元及以下	2.45	0.84	3.17	0.79
5001—20000 元	2.83	0.75	3.47	0.70
20001—50000 元	3.16	0.74	3.69	0.72
50000 元以上	3.49	0.77	3.74	0.75

教育消费作为提升自我以及家庭成员文化资本、实现阶层流动与阶层跨越的重要手段，其对居民获得感的作用更不容忽视。研究结果表明，教育消费支出较高的家庭，其家庭成员地位获得感也相应提升。教育消费支出在 5000 元及以下的家庭，其受访者报告综合地位属于"中上层"和"上层"的占比仅为 10.0% 和 0.6%，而教育支出在 50000 元以上的家庭，相应的比例分别达到

了42.1%和3.7%。4组教育消费支出下地位获得感的均值分别为2.54、2.71、3.09和3.37，标准差分别为0.85、0.81、0.80和0.75。在相对比较获得感上，教育消费支出的数量也具有类似的效应。5000元及以下的家庭成员认同其生活水平"略有上升"和"上升很多"的比例为35.7%和2.6%，而50000元以上的家庭成员这两项比例的总和超过了60%。4组教育消费支出下相对比较获得感的均值分别为3.25、3.37、3.58和3.59，标准差为0.78、0.74、0.81和0.66（见表6-4）。

表6-4　　　　　不同教育消费支出下居民获得感均值的分布状况

	地位获得感		相对比较获得感	
	均值	标准差	均值	标准差
5000元及以下	2.54	0.85	3.25	0.78
5001—20000元	2.71	0.81	3.37	0.74
20001—50000元	3.09	0.80	3.58	0.81
50000元以上	3.37	0.75	3.59	0.66

第二节　模型的选择与统计结果的解读

为了更好地研究住房资产、财富效应与城市居民地位获得感、相对获得感之间的关联，厘清其中的作用机制和影响链条，笔者将上述变量与控制变量一同进入统计模型进行回归拟合。考虑到本研究的自变量多为连续型变量，而因变量地位获得感与相对比较获得感均为1-5分的序次等级变量，原则上来说使用有序对数比率回归模型（ologit model）最为恰当。但是笔者考虑到模型中可能存在的中介效应，为了之后分析的便利，笔者采用了基于最小二乘法的线性回归模型（liner regression model）进行拟合①。模型的基本方程如下：

$$y_i = a + b_1 x_1 + b_2 x_2 + \cdots + b_i x_i$$

其中 a 是常数项，x_i 是自变量，b_i 是系数，$i = 1, 2, \cdots, n$

因此在本章中，笔者将获得感作为因变量，住房资产、家庭旅游消费支出、教育消费支出作为自变量，将性别、教育程度、收入、世代等因素作为控制变量纳入模型。同样，笔者在统计模型分析之前均对相关变量进行了多重共线性诊断，模型各个变量之间不具有明显共线性。模型的具体统计结果见表6-5。

模型4-1是地位获得感的基准模型。这一模型研究了居民自然与社会经济特征等控制变量对于地位认同获得感的影响。数据结果表明，性别、婚姻状况与政治面貌对获得感没有明显的作用。相对于农村户籍来说，城镇居民的绝对获得感相对提升 0.113 分，并在 0.01 的显著性水平上相关。在北上广三地拥有本地住房的居民获得感较没有本地住房的居民高出 0.108 个单位，且在 0.001 的显著性水平上高度相关。在教育程度方面，相对于初中及以下的居民来说，高中、专科和本科学历居民的地位获得感更高，且程度随着学历的提升而增强。在收入方面，收入越高的群体，其地位获得感也越高，且均在 0.001 的水平上高度相关。没有明显的证据表明出生世代对于获得感有显著影响。相比于非技术工人来说，其余职业的获得感普遍较强，其中以企业主/经理/管理者这一群体最为明显。在具体城市方面，相对于广州居民来说，上海城市居民的获得感高出 0.219 个单位，北京居民与广州居民的地位获得感没有明显区别。模型调

---

① 学界不少研究指出，在对类似5分定序变量进行统计回归时，使用定序 ologit 模型与 OLS 模型得到的统计结果基本一致，不会产生较大的偏差（陈云松、范晓光，2016；张海东、杨城晨，2017；王元腾，2019）。另外考虑到模型的稳健性，笔者也使用了 ologit 模型进行了验证，发现变量的系数方向、显著性水平同样没有变化。而对中介效应进行分析时，因变量一般为连续型变量。因此在本章中使用 OLS 模型较为合理。同时为了文中不再赘述，笔者省略了 ologit 模型的回归结果。

整后的 R^2 为 0.238，能够解释总体 23.8% 的方差。

模型 4-2 在模型 4-1 的基础上加入了住房资产自变量。从表中可以看出，显著性水平在 0.001 的情况下，住房资产与地位获得感之间存在显著正向关系。居民拥有住房资产值每提升 1 个单位，其获得感相应提升 0.031 个单位。而在控制变量方面，与模型 4-1 类似的是，仍然没有证据性别、婚姻状况、政治面貌和出生世代与获得感之间存在显著关联；具有城镇户籍和在特大城市拥有本地住房仍然成为影响居民地位获得感的关键要素。教育程度与家庭收入同样对获得感具有重要影响，教育水平越高、家庭收入越多的城市居民，其获得感也相应提升。另外，在职业方面，相对于非技术而言，党政机关领导干部、企业主/经理/管理者、专业技术人员、职员办事人员/自雇者与技术工人的地位获得感分别高出 0.325、0.348、0.309、0.158 和 0.150 个单位，显著性水平均为 0.001。整个模型调整后的 R^2 为 0.243，能够解释总体 24.3% 的方差，解释力较模型 4-1 有所增强。限定地位获得感的情况下，模型 4-2 可以证实假设 7 成立。

模型 4-3 在模型 4-2 的基础上加入了家庭旅游支出与家庭教育支出的财富效应自变量。研究发现，在显著性水平为 0.01 的基础上，家庭旅游支出与教育支出均对城市居民的地位获得感具有正向作用，回归系数分别为 0.021 和 0.006，住房资产的回归系数从 0.031 下降到 0.028。这说明以旅游支出和教育支出为代表的财富效应在住房资产对获得感的影响过程中可能具有中介效应。在控制变量方面，性别、婚姻、政治面貌和出生世代与获得感之间依然不具有明显关联，而具有城镇户籍、本地住房、较高的教育程度和收入水平以及职业地位的居民在地位获得感提升上具有较大优势。模型调整后的 R^2 为 0.256，能够解释总体 25.6% 的方差，解释力进一步增强。上述数据表明，限定地位获得感的情况下，假设 8 成立。

模型 5-1 是研究居民相对获得感影响因素的基准模型。与地位获得感有所不同的是，在居民相对比较获得感的作用因素中，性别、婚姻状况、具有城镇户籍以及职业对相对获得感均没有显著影响，在特大城市具有本地住房的居民，其相对获得感也偏低 0.073 个单位。教育程度与家庭收入依然具有显著的正向作用，教育程度越高、家庭收入越多的受访者相对获得感越高。出生世代在相对获得感中具有负向作用，相比于"80 后"/"90 后"群体来说，"50 后""60 后"和"70 后"群体相对获得感分别偏低 0.151、0.130 和 0.112 个单位，均在 0.001 的显著性水平上相关。在具体城市方面，广州居民的相对获得感普遍较强，高于北京与上海居民。模型调整后的 R^2 为 0.113，能够解释总体 11.3% 的方差。

模型 5-2 在模型 5-1 的基础上增加了住房资产自变量。统计结果表明，在控制变量方面，性别、婚姻状况、城镇户籍和职业与居民相对获得感之间仍然没有明显的关联。拥有本地住房的居民相对获得感也偏低 0.081 个单位。教育程度和家庭收入与获得感之间具有正向关联，出生世代越晚的居民其相对获得感越高。而自变量住房资产在模型中不具有明显的相关性，这说明假设 7 中住房资产对于相对获得感的影响不成立。模型调整后的 R^2 为 0.116，能够解释总体 11.6% 的方差，解释力略为增强。

模型 5-3 在模型 5-2 的基础上增加了家庭旅游支出与教育支出的财富效应变量。数据结果表明，住房资产和家庭教育支出与相对获得感之间不具有明显的联系，只有旅游消费支出对相对获得感具有正向作用，在显著性水平为 0.001 的情况下，旅游消费支出每提升 1 个单位，相对获得感提升 0.02 个单位。在其他控制变量上，除了教育程度在全模型中不具有显著性以外，其余变量的作用系数方向与显著性水平均和模型 5-2 相似。模型调整后的 R^2 为 0.125，能够解释总体 12.5% 的方差，模型的解释力进一步增强。由于相对获得感模型中缺乏证据证实住房资产具有明显作用，因此财富效应的中介作用也无从论证。假设 8 中对于旅游支出和教育支出的中介效应也无法成立。因此，笔者在下文中主要讨论住房资产、财富效应与地位获得感的具体中介效应模型。

表6-5　住房资产、财富效应与获得感的 OLS 模型

	模型 4-1	模型 4-2	模型 4-3	模型 5-1	模型 5-2	模型 5-3
		绝对获得感			相对获得感	
			B(SE)			
男性	-0.008 (0.021)	-0.005 (0.021)	0.005 (0.021)	-0.009 (0.020)	-0.008 (0.020)	0.001 (0.020)
已婚	0.045 (0.027)	0.039 (0.027)	0.029 (0.028)	-0.002 (0.026)	-0.003 (0.026)	-0.003 (0.026)
党员	0.025 (0.032)	0.016 (0.032)	0.024 (0.031)	-0.067* (0.030)	-0.069* (0.030)	-0.064* (0.030)
城镇户籍	0.113** (0.041)	0.105** (0.040)	0.101* (0.040)	0.076 (0.039)	0.074 (0.039)	0.080* (0.039)
本地住房	0.108*** (0.026)	0.074** (0.027)	0.053* (0.027)	-0.073** (0.025)	-0.081** (0.025)	-0.098*** (0.025)
教育程度[a]						
高中/中专/技校	0.121*** (0.031)	0.115*** (0.031)	0.095** (0.031)	0.014 (0.029)	0.013 (0.029)	-0.005 (0.029)
大学专科	0.263*** (0.038)	0.250*** (0.038)	0.216*** (0.038)	0.078* (0.036)	0.075* (0.037)	0.045 (0.037)
本科及以上	0.377*** (0.041)	0.356*** (0.041)	0.323*** (0.041)	0.096* (0.039)	0.090* (0.039)	0.061 (0.039)

续表

	模型 4 - 1	模型 4 - 2	模型 4 - 3	模型 5 - 1	模型 5 - 2	模型 5 - 3
	绝对获得感			相对获得感		
	B(SE)					
家庭收入[c]						
最高25%	0.662 ***	0.615 ***	0.505 ***	0.591 ***	0.579 ***	0.488 ***
	(0.036)	(0.036)	(0.039)	(0.034)	(0.035)	(0.037)
次高25%	0.327 ***	0.296 ***	0.220 ***	0.313 ***	0.306 ***	0.239 ***
	(0.033)	(0.033)	(0.034)	(0.031)	(0.031)	(0.033)
次低25%	0.176 ***	0.160 ***	0.122 ***	0.148 ***	0.144 ***	0.110 ***
	(0.029)	(0.029)	(0.030)	(0.028)	(0.028)	(0.028)
世代[d]						
50后群体	0.035	0.012	0.038	-0.151 ***	-0.157 ***	-0.146 ***
	(0.036)	(0.036)	(0.037)	(0.035)	(0.035)	(0.035)
60后群体	0.020	0.004	0.017	-0.130 ***	-0.134 ***	-0.121 ***
	(0.034)	(0.034)	(0.034)	(0.033)	(0.033)	(0.033)
70后群体	0.040	0.025	0.013	-0.112 ***	-0.116 ***	-0.113 ***
	(0.030)	(0.030)	(0.031)	(0.029)	(0.029)	(0.030)

续表

	绝对获得感			相对获得感		
	模型 4-1	模型 4-2	模型 4-3	模型 5-1	模型 5-2	模型 5-3
	B(SE)					
职业^e						
党政机关领导干部	0.325**	0.326**	0.336**	-0.085	-0.085	-0.079
	(0.099)	(0.099)	(0.098)	(0.094)	(0.094)	(0.094)
企业主/经理/管理者	0.348***	0.347***	0.337***	0.054	0.054	0.042
	(0.058)	(0.057)	(0.057)	(0.055)	(0.055)	(0.055)
专业技术人员	0.309***	0.313***	0.306***	0.020	0.021	0.016
	(0.055)	(0.055)	(0.055)	(0.053)	(0.053)	(0.052)
职员办事人员/自雇者	0.158**	0.165**	0.166**	0.030	0.031	0.033
	(0.049)	(0.049)	(0.048)	(0.047)	(0.047)	(0.047)
技术工人	0.159**	0.173**	0.177**	0.054	0.057	0.059
	(0.054)	(0.053)	(0.053)	(0.051)	(0.051)	(0.051)
城市						
北京	0.040	0.025	0.010	-0.093***	-0.096***	-0.112***
	(0.027)	(0.027)	(0.027)	(0.026)	(0.026)	(0.026)
上海	0.219***	0.181***	0.186***	-0.100***	-0.109***	-0.109***
	(0.027)	(0.028)	(0.028)	(0.026)	(0.027)	(0.027)

续表

	模型 4 - 1	模型 4 - 2	模型 4 - 3	模型 5 - 1	模型 5 - 2	模型 5 - 3
		绝对获得感			相对获得感	
			B(SE)			
住房资产		0.031***	0.028***		0.007	0.005
		(0.005)	(0.005)		(0.004)	(0.004)
家庭旅游支出			0.021**			0.020***
			(0.002)			(0.002)
家庭教育支出			0.006**			0.001
			(0.002)			(0.002)
常数项	1.727***		1.634***	3.099***	3.089***	3.048***
	(0.059)		(0.059)	(0.056)	(0.057)	(0.057)
Adjust R²	0.238	0.243	0.256	0.113	0.116	0.125
N	5091	5091	5091	5091	5091	5091

注:(1)* p < 0.05,** p < 0.01,*** p < 0.001。(2)参照类别:a = 初中及以下,b = 广州,c = 最低 25%,d = "80 后"与"90 后"群体,e = 非技术工人。

　　中介变量（mediator）是一个重要的统计概念，即自变量 X 通过变量 M 来影响因变量 Y，则 M 被称为中介变量。相应的，X 通过 M 对 Y 产生的间接影响称为中介效应。中介效应是间接效应的一种，在模型中只有一个中介变量的情况下，中介效应等于间接效应；当中介变量不止一个的情况下，中介效应不等于间接效应，此时间接效应可以是部分中介效应和所有中介效应的总和。另外，当中介效应主要集中在一个中介变量时，这种中介效应被称为简单中介效应（simple meditation）。而在社会科学的具体研究情境中，涉及的中介变量往往不止一个，这种在自变量与因变量的因果链条中存在多个中介变量作用就被称为多重中介效应（multiple meditation）（Preacher & Hayes，2008）。就如在本章中，居民持有的住房资产对获得感具有直接影响，同时住房资产也通过旅游消费和教育消费这两种财富效应影响地位获得感，这就构成了住房资产与获得感之间的一元并行的多重中介效应模型。根据相关理论与本章变量，与本研究对应的中介效应回归模型如下：

$$Y = \tau X + \varepsilon_x$$

$$M_1 = a_1 X + \varepsilon_1$$

$$M_2 = a_2 X + \varepsilon_2$$

$$Y = \tau' X + \beta_1 M_1 + \beta_2 M_2 + \varepsilon_y$$

　　其中，τ 为 X 对 Y 的总效应，τ' 为 X 对 Y 的直接效应，a_1、a_2 与 β_1、β_2 为个别中介效应，并且 $\tau = \tau' + \alpha_1 \beta_1 + \alpha_2 \beta_2$。在本章中，笔者使用结构方程模型（structural equation model，SEM），通过 AMOS 统计分析软件来实现对财富效应的中介效应分析。在进入模型前，笔者对相关变量进行了中心化处理。在建立好模型图、设置必要的参数后，利用 Bootstrap 法①经过 5 次数据迭代后得到收敛，并得到如下模型图（见图 6 - 2）。模型的卡方检验值为 255. 55，P = 0. 075 > 0. 05，各项拟合指数较为理想，说明模型具有较强的效应。

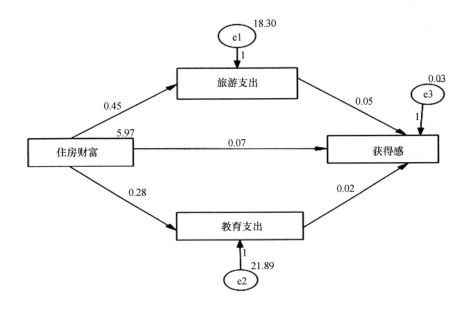

图 6 - 2   住房资产对获得感的影响路径

从模型图中可以看出，住房资产对家庭旅游消费支出和教育消费支出的路径系数分别为 0. 450 和 0. 261，住房资产、旅游支出与教育支出对地位获得感的路径系数分别为 0. 07、0. 05 和 0. 02。路径方程的标准差分别为 0. 023、0. 025、0. 004、0. 002 和 0. 002，系数显著性水平均达到了 0. 001。此外，表 6 - 6 报告了住房资产、家庭旅

---

①   Bootstrap 法是将样本当作总体，假设现在有一个样本容量为 N 的样本，对该样本进行有放回抽样（抽出一个个案，放回以后再抽取下一个个案），直至抽取出来的个案数量等于 N 为止，这 N 个个案就是一个样本。重复上面的过程 k 次，就得到 k 个样本，每个样本都可以算出一个中介效应的估计值，由此可以得到由 k 个系数乘积组成的抽样分布，进而获得系数乘积的置信区间。一般认为，相对于逐步检验法，使用 Bootstrap 法获得的中介效应能够大幅降低第一种错误发生的概率。

游支出与教育支出对获得感的总效应。结果反映出，住房资产对居民获得感的总效应更大，达到了0.094。虽然两项中介变量的总效应分别为0.048和0.020，但可以进一步认为财富效应变量对获得感具有重要的中介效应。而由于住房资产对获得感的显著性水平小于0.001，说明家庭旅游支出与教育支出在模型中具有部分中介效应。计算得出家庭旅游支出的中介效应占总效应的比例为0.450 * 0.048/0.094 = 0.230，家庭教育支出的中介效应占总效应的比例为0.261 * 0.020/0.094 = 0.056。两种财富效应的中介效应占比分别为23.0%和5.6%。这一结果也进一步证实了假设8中旅游消费和教育消费对于地位获得感具有中介效应这一判断。

表6-6　　　　　　住房资产、财富效应对获得感的总效应

	住房资产	家庭旅游支出	家庭教育支出
家庭旅游支出	0.450	0.000	0.000
家庭教育支出	0.261	0.000	0.000
获得感	0.094	0.048	0.020

第三节　本章小结

在本章中，笔者研究了中国特大城市居民获得感的现状以及影响获得感的相关因素。描述性分析的统计结果表明，当前特大城市居民的地位获得感相对偏低，而相对比较获得感较高。在北京、上海、广州三地居民获得感的比较中，上海居民的地位认同感明显高于北京与广州居民，而三地居民的相对获得感则较为接近。在运用均值比较法呈现不同住房资产、财富效应对于获得感的形成的影响后，研究发现住房资产与城市居民的地位获得感和相对获得感均具有正向关联，而这一现象也反映在旅游消费支出和教育消费支出上。家庭旅游消费和教育消费的增加与获得感的提升具有相同趋势。住

房资产、财富效应与获得感之间存在一条较为明显的关联链条。

在利用线性回归模型对住房资产、财富效应和获得感进行建模分析后，结果表明在地位获得感上，住房资产能够显著提高居民的地位获得感，而旅游和教育消费支出两项变量的引入也具有显著的正向相关性，同时使得住房资产的系数下降，这表明财富效应在住房资产对获得感的影响机制中产生了中介效应。由于住房资产和教育支出在相对获得感模型中不存在明显作用，因此财富效应对相对获得感的中介机制有待考察。使用 Amos 软件构建结构方程模型后，发现旅游支出与教育支出在住房资产影响地位获得感的路径中具有部分中介作用，从而证实了住房资产、财富效应与获得感之间这一作用机制。

作为与主观地位认同、主观幸福感等相关概念既有联系又有区别的新概念，住房资产、财富效应与强调"客观获得"的获得感之间的联系更为紧密。住房资产不平等不仅成为市场化机制和再分配权力作用下型构的社会不平等的重要形式，还与财富效应一道又成为制造新的不平等的因果链条，从而形成了社会不平等的一个闭环。正如有研究所指出的，这一结果提示我们，基于结构地位论的传统阶层分析中职业差异形成的阶层分化和认同差异正在逐步弱化，城市社会中正在形成以住房为代表的基于财富不平等的分层机制（张海东、杨城晨，2017）。财富不平等、生活水平和教育投入的差异引发的阶层流动的意外后果和获得感社会心态差异相互叠加，从而进一步加剧了社会分化。而社会生活中出现的炒房食利阶层通过住房金融化手段攫取了大量财富，以及住房资产向高收入阶层、高职业地位人群积聚的现象，更进一步加剧了普罗大众的"住房焦虑感"。这种住房领域"马太效应"所引发的城市居民获得感的巨大差异，以及由此所形成的心理认同和阶层再生产的重要机制，需要学界、政府以及社会加以关注。

第 七 章

特大城市青年群体的住房与获得感

第一节　访谈对象的选取和基本情况

在前文中，本研究通过调查数据的分析展现了住房资产通过财富效应影响特大城市居民获得感这一关键链条。但是笔者不仅要展示静态的住房资产对财富效应和获得感的影响，还试图通过特大城市青年这一特殊群体在住房获取和住房资产上具有多样性和动态性的特征，更详尽地分析、解释获得感的形成过程和深层原因，并呈现当前青年群体关于住房的相应困难和诉求，因此本研究采用半结构式的深度访谈法。根据这一研究目的，笔者设计了半结构化访谈提纲，访谈问题主要包括青年群体住房获取的渠道、资金来源、当前的住房资产状况、对于住房保值升值等财富效应的理解，目前的消费状况和生活机遇以及拥有住房和获得感之间的相互关联。

作为针对特大城市的质性研究，访谈对象选取的第一个条件是工作或生活地是在北京、上海或广州；第二个条件，综合国内外相关研究中关于青年的界定并考虑到特大城市青年高等教育普及的现状，本研究将 21 岁至 35 岁作为选取访谈对象的年龄范围；第三个条件，除了可得性限制之外，访谈对象的最终选取考虑了性别分布、个人婚姻状况和个人职业类型的差异性，以及访谈对象的年龄、家

庭背景等相关因素的多样性，最终选取了 16 位较为典型的个案作为
研究对象。在 2021 年 1 月至 2022 年 5 月间，笔者首先通过预访谈的
过程和结果修改访谈提纲和问题，并开始正式访谈。访谈地点选在
被访谈者家附近的咖啡厅，或通过线上视频方式进行。每次访谈时
间在 60 分钟至 90 分钟，在征得访谈者同意后，访谈采取全程录音
的方式进行，访谈结束后立即进行了文本转录。考虑到研究伦理，
笔者对访谈者进行了匿名化处理，其中 M 代表男性，F 代表女性。
被访谈的 16 位青年均接受过大学专科以上的高等教育，其中 8 位男
性，8 位女性，9 位工作或居住在上海，4 位工作或生活在北京，3
位在广州。他们的职业、籍贯、婚姻和家庭背景各不相同，部分已
在当地购房，部分在家乡购房，部分准备购房，也有访谈对象在租
房居住。访谈对象的基本情况见表 7-1。

表 7-1　　　　　　　　　　访谈对象的基本情况

编号	学历	年龄	职业	城市	婚姻	住房状况
M1	本科	31	私企管理	上海	未婚	当地无房，在苏州购房有房贷
M2	硕士	29	高校行政岗	北京	恋爱中	当地有房无房贷
M3	本科	33	IT 程序员	上海	未婚	当前租房，准备在郑州购房
M4	硕士	26	博士在读	上海	订婚	家庭已有 4 套房，仍准备购房
M5	本科	28	外贸业务员	广州	已婚	当地购房有房贷
M6	硕士	30	公务员	北京	已婚	一套房无房贷，二套有房贷
M7	专科	32	交通协警	上海	恋爱中	自有一套房，准备购买婚房
M8	本科	25	科技公司员工	上海	未婚	一套房有房贷
F1	本科	27	小学教师	上海	订婚	公租房居住，未婚夫有房
F2	专科	24	社区工作者	北京	未婚	自有两套房
F3	硕士	31	私企会计	北京	已婚	一套房有房贷
F4	本科	26	外企秘书	广州	恋爱中	在长沙有房，当地租房
F5	硕士	27	医院职工	上海	已婚	一套房有房贷
F6	本科	29	保险销售	广州	已婚	有房无房贷
F7	博士	32	高校教师	上海	已婚	两套房均有房贷
F8	本科	25	硕士在读	上海	恋爱中	父母有 2 套房，自己名下 1 套

第二节　研究发现

一　家庭禀赋和制度排斥凸显了住房资产对青年获得感的影响

作为"衣食住行"中的重要一环，住房对于中国人生活的重要性不言而喻。在强调"家文化"的中国社会中，住房具有安定性、社会性的特殊意涵（芦恒，2014）。住房不仅是用以遮风避雨的场所，更是家庭的载体和延伸。"有房才有家"，拥有所有权的住房被赋予了安身立命的重要意义。从生命历程来看，青年人这一时期面临就业、定居和婚姻，拥有住房不仅是重要的地位标志，更是提供了"家"的安全感。而面对特大城市的高昂房价，在职业起步或稳定期的青年人很难依靠其工资获取住房。尽管特大城市中存在一些从事金融、互联网等市场地位较高行业的青年可以依靠自身不菲的工资性收入支付住房首付款乃至全款，但是对于大部分青年群体来说家庭资助就成为父母赠予青年人的礼物和他们获取住房的重要机制（Mulder & Smits，2013；钟晓慧，2015），父辈对子代住房支持越来越大，先赋性因素取代后致性因素成为特大城市青年住房获取的因素（杜本峰、黄剑焜，2014；范一鸣，2021）。但就如人们常说的"买房需要掏空六个钱包"那样，特大城市青年由于父母职业、社会地位、财富持有、户籍等家庭禀赋的差异，一些社会经济地位高的父辈往往可以提供住房实物或购房资金，这部分青年群体在获得感上往往呈现出一种较为平和的特征。

我爸爸是做工程的，我妈妈在医院上班，因为是本地人嘛以前家里就买了几套房子，所以在这一块我是没有什么概念的，总之房子对我来说是一个没有压力的事情。家里总说现在主要是安心读书，等快工作了毕业前看看给我买套市中心面积比较大的房子，但是我总觉得房子嘛够住就好了。（访谈对象 M4）

班里的同学很多是外地的，有时候说起来他们大多也都想毕业以后留在上海工作，但是总说靠我们这个专业的工资怎么买得起上海的房子。前两天我去看了一下爸妈给我买的新房子，发了一个朋友圈，看了下评论大家还都感觉挺羡慕我的。确实我不用为了房子房贷这些发愁，可以更加安心于学业和工作上，想着以后能靠自己在上海再买一套房子。（访谈对象 F8）

家庭禀赋差异的表现就是部分阶层家庭很难为青年群体在特大城市的住房提供相应的支持，也形成了住房资产获得上的差异，并直接影响他们的获得感。部分青年由于家庭条件并不是十分优越而靠父母支持购房的，容易产生压力感和对家庭的"愧疚感"，而另一些完全无法依靠家庭资助购房的青年由于住房的缺失以及由此衍生的情感婚姻等问题，容易产生失落感和无归属感，从而极大地削弱了他们在特大城市的获得体验。

别人都觉得我毕业了留在北京，工作还这么好肯定在北京过得很滋润很幸福，但他们哪懂其中的痛苦和辛酸啊……北京的房子这么贵，之前也都是租房住的，但是总归结婚了也不能一直住在出租房里面，也要考虑到以后孩子的环境、教育之类的。我和我爱人都是工薪家庭出身的，为了给我们买房子把双方父母一辈子的积蓄花光了，能拿出来的都拿出来了，愧疚感倒是有的。有时候想到这个心里肯定不好受。（访谈对象 F3）

我来上海工作第一年是住在 8 平方米的群租房里面，后面工作稳定了也陆续搬了两次家，也算是有了自己的一片空间。有时候下班了或者周末躺在家里，脑子里也在想着能在这里买得起房子多好，哪怕小一点。但是凭工资我觉得这是天方夜谭，虽然一年 365 天有三百四五十天住在这里，但要是房东涨租金或者卖房子了还得走，总感觉没有房子我压根不属于这里。之前同事介绍了一个对象，开始聊得挺好的，但是觉得我实在是没办法在这里买得起房子也就不了了之了。但是没办法，我也知道家里的情况拿不出多余的钱。（访谈对象 M3）

当前，中国社会渐渐呈现出比较明显的多维二元结构的特征。在传统的城乡二元结构之外，东部与中西部地区、特大城市与中小城市一系列二元结构相互交织。多维二元结构的形成与历史上各种制度安排密切相关，这些制度安排在利益分配上具有明显的倾向性特点，在惠及一些社会群体的同时，将其他群体排斥在外（张海东，2018）。特大城市在住房领域的制度性排斥因素对于青年群体尤其是流动青年群体的获得感也具有关键影响。当前仍有少数特大城市设置有基于户籍、社保年限等的住房限购政策，部分流动青年无法通过购买当地住房改善居住条件，甚至完全被排除在"公租房"等保障性住房制度之外，在住房获得和资产上形成了本地青年和外地青年的区隔（马秀莲、韩君实，2022）。众多在特大城市工作，但缺少家庭资助和制度支持的青年只能聚居在租金低廉的群租房中，造就了特大城市的"蚁族"现象（廉思，2014），极大地降低了他们对城市的认同和相对获得感。

住自己的房子肯定要比租房子好一些嘛，如果在上海有自己的房子，我肯定会选择留在那儿，毕竟自己的房子不用担心随时会有房东催你交房租，或者说给你涨房租，比较有安全感，心里安稳……我也想着咬咬牙在上海买套小房子，但是我现在没有户口，然后外地人买房的话得结婚而且交够 5 年社保，想想时间还是太长。二嘛当初也试过申请租到公租房，毕竟价格低也比较稳定，不用担心随时搬家，可是我们公司好像没有进优先配筹的范围，个人申请的话得排队好久，所以想来想去还是在花桥先买个房子住下吧。（访谈对象 M1）

　　原先刚工作的时候我也是在租房平台租的房子，房租总体来说还是挺高的，而且每年还要按比例上涨总觉得压力很大。后来因为居住证办好了而且单位也提供了一些公租房的信息，我就在单位人事那里报名了，可能是运气好排了两个月队就通知我可以去看房选房了。公租房的房租相比市场价来说还是低不少，最长可以连续住6年，不用担心房东卖房或者随时涨价什么的，还是挺好的，我经常添置喜欢的摆件，把房子的风格换一换……我还是挺感谢上海能够给我们这样的青年人提供这样的政策。（访谈对象F1）

二　住房资产的财富效应型构了青年群体差异化的发展机遇

　　青年群体的住房问题一直备受社会关注，这不仅是由于在当前特大城市高房价背景下青年人的住房获取更为困难，更依赖于家庭资源的传导和家庭禀赋的高低，更重要的是住房产权和住房资产对青年群体来说具有特殊的意义。青年群体对住房的需求和渴望与"成家立业要买房""恋爱结婚要买房"等社会文化因素相叠加，使得住房不仅成为青年群体财富和阶层地位的象征，还成为其情感的依托和影响获得感的重要因素。住房所蕴含的社会意义远大于住房本身，住房资产的分化不仅是社会财富不平等的重要表现，其影响也蔓延到青年群体日常生活的方方面面，成为型构青年群体差异化的发展机遇的重要机制。因此2021年政府工作报告进一步提出要"尽最大努力帮助新市民、青年人等缓解住房困难"。当前，中国已进入构建国内国际双循环、推动经济高质量发展的关键阶段，居民消费成为扩大战略内需、释放国内潜力、推动转型升级、提升居民福祉的重要抓手，而青年群体正处于一生中创造和积累财富的起步阶段，他们所持有的一些新消费观念使得青年群体成为释放消费潜力、提振消费信心的重要源泉。但是正如前文所提及的那样，随着房价的攀升，对住房的投入或消费逐渐扩大，通过生活成本、对未来收入预期等因素影响青年群体日常消费乃至发展机遇。住房的财富效应便由此产生重要作用。在特大城市青年群体中，住房资产的财富效应往往具有不同的表现形式，对于那些较早购房，或是家庭帮助购房从而房贷压力较小的青年群体来说，他们的预期财富增加，消费也会相应增长，户主越年轻、收入越高的家庭，房地产"财富效应"越大（黄静、屠梅曾，2009），而且这种预期的财富效应会驱动一部分青年群体将家庭资产继续投入住房领域中，成为资产不平等的重要生成机制。

> 我这份工作就是稳定，虽然收入不高，但是我平常还是该买就买，该逛街就逛街，看到什么想要的化妆品、衣服，只要在自己的承受范围以内，基本都会买。平常我也不自己做饭，中午就在单位食堂，晚饭和周末就去商圈里找个店。你是不是也很惊讶？我认识有些外地的人也这么说，但是我又不用像她们一样还房贷对吧，我自己住一套，另一套租出去每月也有不少房租，反正我对人生大目标也没什么追求，所以消费上也不能亏待自己。（访谈对象 F2）

> 房价肯定都是上涨，但是位置好的，还有学区房涨得更多……本来我是打算这一套房子够住就行了对不对？或者结婚去置换一套房子，但是房价涨起来真的是每天都是一个价，大家都说主要还是从投资的角度考虑，反正你早晚也要买一个，还不如先买。反正我现在手上也没有房贷，和家里爸妈说了一下也觉得要趁现在赶紧再买一套，说我这收入也差不多能还上，不行他们再补贴一点。（访谈对象 M7）

而对于一些通过求学、工作在本地定居的"新城市青年"来说，一方面他们进入住房市场的时间较晚，不得不面对高昂的房价；另一方面他们在购房过程中已经动用了大量的自身积蓄和家庭支持，每月需要偿还房贷月供占家庭收入比例较高，进一步降低了这一部分青年群体本就不高的可支配收入，从而对他们的消费和日常生活产生了巨大影响；还有一部分有买房计划的青年为了筹集高昂的首付费用，往往通过节约日常开支、进行借贷等手段，表现为"挤压效应"或是"房奴效应"，从而进一步降低了他们的获得感，并影响了其生活机遇。

> 买房前我们花钱还都是挺大手大脚的，但是现在不一样了，买衣服什么的都会注意一些，还有一些聚餐或者朋友叫出去吃饭，我能不去就不去，总归就算别人出钱那也是欠人情，很不好是不是？好在朋友们都知道我们在还房贷，生活压力会大一点，也不会说什么……（访谈对象 M5）

> 很多人之前不明白我为什么对自己这么苦，他们不理解女孩子为什么要自己买房，但我觉得在大城市立足还是有房子最保险……家里不能说没有支持，但总归不可能都靠父母，为了攒钱我平时都是自己带饭，尽量不去任何娱乐活动，买衣服都在网上或者商场挑特价的买，杜绝不必要的消费。对待工作也会更认真，比如医院值夜班或者加班之类的我也会主动报名，就为了攒够首付的钱。（访谈对象 F5）

学者还指出，住房资产的财富效应与社会不平等的关联，不仅体现在上述对日常消费的扩张或挤压效应，同时随着住房金融化的加深，住房作为一种资产所带来的资产收益和市场机会，如利用住房抵押贷款进行投资、房屋出租收益等，更是延展了居民财富不平等的鸿沟。回顾特大城市在住房领域的相关政策，其在住房购买、公积金使用等方面存在基于户籍、社保年限、人才身份等制度性门槛，这些政策或措施虽然在一定程度上稳定了当地的住房市场，但是也造成了青年群体在住房获取上的不便，以及所获住房资产在保值升值上的巨大差异等非预期的复杂后果①。

> 对于这个问题我还是有发言权的，平常工作中也接触到一些人。想必你新闻里也听说过燕郊和北三县吧，好多在北京上班的人把房子买在那儿……当然其中一些人是考虑到价格，毕竟北京的房子太贵了，但是我所接触的人里面有一部分不是完全因为资金因素，他们是因为没有户口，社保年限也没到所以没法儿在北京买房。最近一两年房地产行情不好，北三县的房价有些掉了一半，他们的资产也缩水一半，贷款还也不是，不还也不是，最惨的就是他们。（访谈对象 M2）

> 说起房子这个事情还是感触蛮多的，当初是看房价上涨得太厉害，觉得再不买就买不起了。当时租金也都在涨……但是新房我又买不到，好点的房子都要积分，像我这样的刚参加工作没结婚的人分数根本不够，只能去买二手房，你也知道现在新房是限价，而且涨的空间也有，二手房的税费和中介费也是一大笔支出，所以很多人都去打新嘛。当然我是打不到了，别人懂行的都知道买到新房和二手房这个资产的价值就不一样了。（访谈对象 M8）

通过上述访谈资料分析，不但进一步验证了本研究在量化分析部分所得到的相应结论，而且通过青年群体的口述更切实生动地反映了当前特大城市青年群体由于住房资产差异和财富效应的作用在获得感和发展机遇上形成的巨大差别。由于青年群体处于职业起步

---

① 例如，面对房地产市场过热的现象，2021 年 2 月上海市出台《关于促进本市房地产市场平稳健康发展的意见》，在购买新房领域提出完善新建商品住房公证摇号选房制度，针对认购比例超过一定范围的楼盘实行积分入围制度，积分由基础分和社保年限分构成，基础分根据认购对象名下有无房产、五年内是否有购房记录、家庭结构和户籍情况计分；年限分根据认购对象的社保缴纳月份和系数相乘计得。

和家庭组建的关键时期，其对住房的需求更为强烈。但是青年群体不同的出身、家庭背景、所在地域等因素，在购房时家庭对其支持完全不同，也就形成了住房获取和住房资产的分化。这种分化不仅直接作用于青年群体在特大城市的获得体验，而且住房资产的差异在财富效应的作用下演变成了巨大的财富鸿沟，对青年群体的消费领域产生了差异性的"挤压效应"，并形成了迥异的资产收益和市场机会，从而给青年群体在生活与发展机遇上带来了更为复杂的后果。

第 八 章

结论与讨论

第一节　主要结论

　　作为人们日常生活衣食住行中的重要一环，住房不平等及其衍生的社会问题成为近年来社会关注的焦点。本研究以社会分层理论为基础，综合运用生命历程理论和金融化理论视角，使用实证数据从住房资产分层出发研究了中国特大城市社会不平等的新面向。研究结果表明，当前城市社会住房不平等的形成具有复杂的机制，而这种住房不平等尤其是住房资产差异又建构了消费领域的不平等，进而导致了获得感上的差异，形成了社会阶层分化导致财富差异，财富差异又造成新的不平等这一连续链条。这充分反映了不平等是各类市场和再分配体制作用的结果，这些作用是以一个特定的历史结合点和一系列特别的财产关系、社会关系尤其是阶层关系作为背景而产生的（Szelenyi & Kostello, 1996）。本研究具体结论如下。

　　（1）住房资产不平等仍然体现了市场化转型下市场能力与再分配权力的双重逻辑。作为住房分层领域的经典分析范式，学界将住房作为社会分层结果的讨论一直具有强大的生命力。本研究通过"代内累积""代际累积"和"市场化效应"三个维度考察了影响城市居民住房资产的因素，认为特大城市居民住房资产差异是转型时期市场能力和再分配权力多重聚合的结果。一方面,住房市场化改革将市场分配逻辑引入住房领域,人力资本、教育资本回报的提升使得职业地位较高、市场能力较强的群体在住房获取、住房资产获得中更具有优势,而这种优势又和"市场情境"相结合,使得市场化程度较高的地区的住房资产升值更快。市场能力、市场情境与收入、职业和世代因素一道,构建了特大城市住房资产分层的一大面向。另一方面,住房市场化改革并没有使再分配权力完全退出历史舞台,体制内单位与行业在住房资产获取上仍然具有显著优势,这就引发了"代际累积"的家庭禀赋效应,父辈家庭的职业地位以及子女购房时能否提供经济支持直接影响了子代家庭住房资产累积的结果。住房市场化改革重新将"先赋性"因素带入我们的视野,城市居民的住房获取和财富获得不能抛开代际的关联与互动(范晓光、吕鹏,2018),越来越依赖于父辈对子代的资源传递和地位继承。另外,住房金融化时代到来使得金融信贷在财富不平等形成中发挥了重要作用,居民获取金融信贷的能力与资源多寡同样与个人的市场能力和身份地位密切相关,金融信贷助长了高收入、高阶层居民获取住房资源和财富的能力,成为财富不平等的助推器。

(2)财富效应不平等反映了财富分层秩序下由财产差异到消费分层的传导机制。作为兼具使用价值和投资价值的商品,住房保值升值的财富属性在金融化时代越来越被人们所重视。本研究结果表明,住房资产的多寡直接影响了城市居民的旅游和教育消费开支,有房者、多房者与无房者、少房者在旅游和教育消费上形成了鲜明的对比,而住房信贷更是加强了高额住房资产所有者的消费能力。住房资产成为城市居民消费层面的分隔符和指示器,市场能力、再分配权力与财富相叠加,高收入、高职业地位家庭拥有更多的房产,从而获取更多的住房资产增值,并在旅游和教育消费上拥有更多的开支。增加的旅游和教育消费对于他们的自我实现、心理认同,和人力资本与文化资本不平等在代际的传递和固化具有重要的影响。而原先在住房资产上处于劣势地位的人群由于受到信贷约束、财富积累的限制，导致其在消费层面也同时处于劣势地位。不同的消费地位导致社会优势资源向有房者、多房者聚集，住房资产效应成为了"富者愈富""贫者愈贫"的催化剂。在这里，市场能力和再分配权力等生产领域的不平等造就了财富的不平等，而财富不平等继续向消费不平等这一链条传递。因此可以预见，在财富分层秩序下，一个人的阶层意识、阶层认同乃至社会地位，都可能不再源于自身的生产性地位，而是在财产和消费利益的共同体中。

（3）住房资产与财富效应对获得感正向作用揭示了住房不平等将产生更多复杂的社会后果。本研究结果表明，住房资产越多的家庭，其成员地位获得感越强，而旅游与教育支出所代表的财富效应发挥了不可忽视的正向中介作用。作为一个反映居民共享改革发展成果、测量居民"客观获得"的具有中国特色的新概念，这一结果深刻指出在经济发展、居民收入增加以外，基于财富和消费所形成的聚合性因素与获得感之间同样具有强烈的关联。当前，中国社会主要矛盾已经转化为"人民日益增长的美好生活需要和不平衡不充分的发展之间的矛盾"，这种不平衡、不充分的发展已经在包含特大城市在内的广大区域内造成贫富差距、阶层分化等现象，而日益增长的房价使得特大城市居民"住房拜物"情绪尤为强烈，无房、少房者充满了深深的焦虑感与不公平感。住房资产不平等以及所衍生的财富效应不平等已经使得社会财富、社会优势资源向优势阶层累积，而本研究结论也表明了以住房资产、财富效应为基础的财产性因素正在构成地位获得感的重要指标。住房资产不平等成为21世纪中国贫富差距和社会分层的重要标志，也是贫富分化和社会认同分化加剧的标志（吴开泽，2019）。住房分层成为新的社会不平等的生成机制，这也预示着中国城市社会中基于住房所形成的财产社会分层正在形成，并将给社会带来诸多复杂的、难以预测的后果。

（4）住房资产的不平等与财富效应相叠加进一步制约了特大城市青年群体的获得感和发展机遇。质性资料的研究表明，由于家庭禀赋和资源传递的巨大差异，使得不同家庭背景的青年在住房获取和住房资产上具有完全不同的"景象"。而这种差异结合户籍制度、地区差异，在住房财富效应的放大下，不仅加剧了社会财富不平等的鸿沟，而且成为阻碍青年群体释放消费潜力、提振消费信心的一座大山，制约了他们的生活和发展机遇，"有房者心态平和，无房者落寞漂泊"是众多青年群体最真实的心理写照，住房成为青年群体在特大城市社会地位和获得感的一个最显著的指标，给特大城市的发展和社会公平提出了艰巨的课题。

第二节　讨论

"陶尽门前土，屋上无片瓦。十指不沾泥，鳞鳞居大厦。"住房不平等作为社会不平等的一个缩影从古延续至今。历史告诉我们，王侯将相的"亭台楼阁"与底层百姓的"穷阎漏屋"都是其社会地位和阶层属性的象征和表现。而新中国的成立和计划经济体制的确立使住房成为城市社会中一种普遍性的福利，但这种福利性质的住房具有"保障性"和"兜底性"的特征，大多数工人和职工的住房条件都不优渥。住房市场化改革的浪潮在一定程度上打破了原先的状况，市场分配逻辑被带入到住房领域中。但现实经验和众多研究都表明，市场并没有像转型理论预设的那样"脱嵌"，而是嵌套在原有再分配体系的各种复杂的社会结构中。正如本研究结论反映的那样，特大城市居民的住房获得和财富获得除了受自身人力资本所代表的"代内累积"因素以外，家庭资源和家庭禀赋所代表的"代际累积"仍然具有十分关键的作用。而且，市场因素与个人的市场能力、地域区别、家庭结构相互联系，更使住房资产呈现了巨大的阶层差异分化现象。原先的福利分房使一部分人完成了住房资产的最初积累；而改革后又有一部分人使用货币化和金融化手段使住房成为财富升值的利器。而对于那些社会收入较低、社会资源匮乏的群体来说，他们一无强大的经济资源和市场能力，二无充足的家庭资助，面对特大城市高涨的房价，其"无力感"油然而生，获得感大幅下降。因此完善住房保障体系，使无房者"居者有其屋"就显得十分关键和紧迫。正如笔者在前文中所提及的，住房具有居住和财富的双重属性，对于低收入群体和无房者来说，住房的居住属性则更为突出，这不仅是他们遮风避雨的场所，更具有安定性和乡土性的社会意涵。有了属于自己的房子，才有了家的感觉；有了属于自己的家，才能够安居立业。住房在中国社会中具有本体论意义上的安全感（芦恒，2014），这种安全感对于无房者和低收入者来说尤为重要。同时，拥有"家"的安全感也会着实提升普通民众的获得感、幸福感。这对共享改革发展成果、促进社会公平正义具有十分重要的积极作用。因此，本研究所得出的结论也给政府和社会提供一个可借鉴的参考：切实完善保障性住房的供应体系，基于不同城市不同类型的无房者、低收入者提供廉租房、经济适用房、限价房等多种供应形式，使得绝大多数城市居民都能安家乐业，避免因高房价高租金而过着频繁搬迁的生活。

"朱雀桥边野草花，乌衣巷口夕阳斜。旧时王谢堂前燕，飞入寻常百姓家。"在唐代诗人刘禹锡的诗中，王谢旧居荡然无存，乌衣巷口富贵人家的燕子也已化作寻常百姓，即抒发了诗人对沧海桑田，没有长开不败的花，也没有永久的富贵年华的感慨。然而，在当代社会，尤其是特大城市中，本研究所得出的结论很可能预示着以住房为代表的基于财富的社会分层秩序正在建立，住房资产与财富效应、社会认同一并成为阶层定型化和代际传递的重要机制。一方面，住房市场化改革使近二十年来我国大中城市住房价格经历了指数倍的增长，这种增长远远超过居民可支配收入的增长幅度。对于存在住房"刚需"的中等收入群体来说，他们中的很大一部分人为了购买住房而背负了沉重的房贷压力。住房支出挤压了旅游消费和教育支出，不仅严重降低了中等收入群体的获得感和生活质量，而且在教育支出上的减少还可能使得子女人力资本和文化资本的缺失，成为社会阶层流动定型化的重要原因。为此，在住房金融化盛行的当下，政府如何制定更为合理的住房调控政策、平抑住房市场投机行为成为住房市场化改革中亟须解决的现实问题。笔者认为，精准发挥利率杠杆的调节作用，减少银行贷款首付比例，提高住房公积金支付比例等手段是保障中等收入群体"居者安其家"、维护他们应有住房权益的有效举措。另一方面，住房金融化使得住房的财富效应和经济功能进一步膨胀，社会中出现了以住房为代表的不动产财富积聚现象，并引发了部分社会成员的关注和不满。而曾经一段时期银行金融信贷对财富积累者宽松的借贷条件则进一步扩张了这一群体进行房地产投资的机会和资金，使他们利用金融化手段在住房市场上获取更多的住房，从而攫取巨额的住房资产。为了防止中国进入"有产者恒有产、无产者恒无产"的"房地产定型化"社会，应当合理限制住房资产的急剧膨胀，构建起公平正义的分配制度，走出住房资产分配的阶层断裂困境。在这一过程中，政府可以合理发挥税收杠杆的调节作用，设立并完善不动产登记制度，对拥有多套住房的居民以及通过房产出租出售获取巨额利润的群体征收合理区内的超额累进房产税，增加这些群体利用住房获得财富增值的成本。

另外，住房资产差异还将引起城市社会地理空间的区隔，而这一问题在本研究中还尚未详细讨论。20世纪70年代以来，西方资本主义社会在社会生产力发展、阶级阶层结构等诸多领域发生了巨大变迁，原有的理论由于缺乏空间对社会不平等作用机制的洞察，因此难以解释城市社会中出现了诸如贫民窟、种族隔离等种种现象。而新马克思主义城市社会学者则对资本、空间与不平等之间的关联进行了深刻批判。卡斯特尔（Castells，1977）就指出，城市空间是城市社会在经济与社会结构上更广泛的反映，是市场经济与现代社会理性化的产物。他认为城市不同空间区域中公共产品投入资本的不同，导致了社会关系和阶层结构在空间中的差异分布。在此基础上，列斐伏尔（Lefebvre）进一步发展了"社会—空间"辩证关系，他将空间定义为一种物理空间、思想意识、生活方式的结合体，认为空间结构与社会关系本质上是辩证统一的，并发展形成了三元空间分析框架（Lefebvre，1991）。社会结构的变迁一方面是城市空间生产的决定性力量，另一方面空间生产的具体路径受到不同利益行动者的影响而表现出差异化的现象。特别是国家可以借助金融市场的力量，将城市中的建筑环境和总体的城市规划作为工具制造出合理化的空间隔离与空间排斥，在这一过程中，代表空间私有化的使用价值的"城市权利"在空间中被不平等地分配。而随着住房自有率的提高，人们开始更加关注住房这种私人领域空间在公共空间的延伸，对公共环境、私有产权的管理、物业资产保值升值等方面的要求更为明显，而这又使得资本与空间之间的关系变得更为紧密和复杂。资本主义空间生产的非正义性体现在资本对空间的争夺对城市地理景观的破坏、剥夺了底层劳动人民的居住权利、忽视了人的生存与发展（Harvey，1992；哈维，2009）。资本与空间的再生产使得城市中的优质空间被富人和中产阶级所垄断，路障和围墙造就了西方社会城市中的普遍景观，而工人等弱势群体的居住空间则进一步被边缘化。居住空间的隔离与分化使得其能够作为一种"商品"在金融与房地产市场上进行交易，与其他商品一样，流通过程中的市场、交易与资本积累的过程不但维持了原先居住空间的价值，还可以为剩余资本赚取新的利润寻求到一条最为合适的道路。这些研究均发现了资本尤其是金融资本对城市居住空间以及住房在资本升值、阶级阶层结构和社会关系形成方面扮演了关键作用。当前，中国城市社会尤其是特大城市中已经出现了封闭式的"富人社区"，"私家社区、闲人免进"的管理模式和形成的独立景观，不仅损害了城市空间的社会性，还使得阶层意识、地位认同、获得感等主观心理意识的生产与特定的空间捆绑在一起，给社会发展和公平带来了潜在的隐患。如何平衡封闭社区业主的合法权益和城市空间的共有共享，如何缓解带来的贫富差距和阶层隔阂，警惕"房地产阶层社会"在中国城市空间层面上的集聚和定型，是我们可以关注和深入研究的一大重要议题。

最后，我们必须认识到，青年人对住房的需求和渴望十分强烈。

由于住房资产的差异和财富效应的作用形构了青年群体不同的生活和发展机遇，在家庭禀赋导致财富鸿沟不断扩大的情况下，我们更需要关注缺乏家庭支持的青年群体，使他们能够在特大城市拥有"一席之地"。因此在住房政策上要坚持住房的居住属性，坚持"房住不炒"定位，同时面对青年群体工作时间短、财富积累较少等特点，制定差异化的扶持政策，以防止青年群体被打击住房投资、抑制房价上涨为中心内容的房地产调控政策所误伤；而面对住房对众多青年群体的消费形成挤压效应，影响了其获得感和生活质量，从而进一步影响了消费内需提振这一现实状况，我们需要出台相关措施，支持引导青年群体平衡住房与其他消费之间的关系。总而言之，使城市青年在内的每一位社会成员都能平等享受居住权，共享特大城市改革发展的成果，特别是让在特大城市中流动和漂泊的青年人能有一个温馨的港湾，让他们在快节奏的工作和紧张的生活之余通过住房获得稳定性和归属感，想必这正是解决当前特大城市青年获得感与社会不平等领域问题的题中之意。

第三节　本研究可能存在的创新与不足

本研究在以往学者对于住房分层机制与结果分析的基础上，综合学界对于财富效应与获得感的相关研究成果，构建起"住房资产—财富效应—获得感"这一住房影响社会不平等的作用链条，不仅系统性论述并阐释了我国特大城市中住房资产成为社会不平等原因和重要标志的相应作用机制，而且使用实证数据分析了在住房金融化时期，金融信贷与住房资产、财富效应相叠加，进一步加剧了住房资产分化和社会分层。另外，本研究以住房资产为切入点，聚焦了"获得感"这一热点概念，详细探讨了影响居民获得感的作用路径。更为重要的是，本研究建立起了财富分层视角下住房所形成的一系列不平等的综合性分析框架，为论证住房为代表的财富分层秩序正在确立提供了相应经验证据，反映了住房市场化改革以来特大城市社会分层与变迁的特点，具有一定的创新性。

　　当然，本研究也存在一些不足和需要进一步深入探讨的问题。例如，囿于数据材料所限，对于住房资产的操作局限于财富总值，缺少对住房套数、来源以及由住房收益所形成的不动产收入的研究；对居民获得感的研究主要聚焦于"地位获得感"，对"相对比较获得感"的研究有待进一步深入；对于财富效应的研究主要关注家庭旅游和教育消费，因此得出的中介效应模型较为简单，财富效应在住房资产与获得感之间的深层次关联值得理论进一步厘清和经验材料的验证；对特大城市青年群体的访谈仍需要进一步扩展和深入，对获取的质性资料需要进一步凝练和进行理论提升。笔者也希冀能在今后的研究中继续加以讨论并深化。

参考文献

一 著作

［法］波德里亚：《物体系》，林志明译，上海人民出版社 2001年版。

［法］托马斯·皮凯蒂：《21 世纪资本论》，巴曙松等译，中信出版社 2014 年版。

［韩］孙洛龟：《房地产阶级社会》，芦恒译，译林出版社 2007年版。

［美］伊曼纽尔·沃勒斯坦：《现代世界体系（第一卷）》，郭方等译，高等教育出版社 2003 年版。

［英］安东尼·吉登斯：《社会理论与现代社会学》，文军、赵勇译，社会科学文献出版社 2003 年版。

［英］大卫·哈维：《新帝国主义》，初立忠、沈晓雷译，社会科学文献出版社 2009 年版。

［英］汤普森：《英国工人阶级的形成》，钱乘旦等译，译林出版社2001 年版。

边燕杰等：《市场转型与社会分层——美国社会学者分析中国》，生活·读书·新知三联书店 2002 年版。

蔡禾、张应祥等：《城市社会学：理论与视野》，中山大学出版社2003 年版。

冯仕政：《中国社会转型期的阶层与分析认同》，中国人民大学中国社会发展研究报告，中国人民大学出版社 2009 年版。

甘犁等：《中国家庭金融调查报告·2012》，西南财经大学出版社2012年版。

李培林等：《社会冲突与阶级意识：当代中国社会矛盾问题研究》，社会科学文献出版社2005年版。

李强：《中国社会分层结构的新变化》，社会科学文献出版社2004年版。

廉思：《青年蓝皮书：中国青年发展报告（2014）No.2：流动时代下的安居》，社会科学文献出版社2014年版。

张海东等：《中国新社会阶层——基于北京/上海和广州的实证分析》，社会科学文献出版社2017年版。

周雪光、侯立仁：《文革中的孩子们——当代中国的国家与生命历程》，毕向阳译，上海人民出版社2003年版。

二　期刊

鲍磊：《"获得感"及其概念周边——兼论其政策意涵》，《社科纵横》2019年第7期。

边燕杰、刘勇利：《社会分层、住房产权与居住质量——对中国"五普"数据的分析》，《社会学研究》2005年第3期。

边燕杰、肖阳：《中英居民主观幸福感比较研究》，《社会学研究》2014年第2期。

曹现强、李烁：《获得感的时代内涵与国外经验借鉴》，《人民论坛·学术前沿》2017年第2期。

陈传波、白南生、赵延东：《适应性区群抽样：研究流动农民工的方法与实践》，《统计研究》2012年第5期。

陈峰、姚潇颖、李鲲鹏：《中国中高收入家庭的住房财富效应及其结构性差异》，《世界经济》2013年第9期。

陈光金：《不仅有"相对剥夺"，还有"生存焦虑"——中国主观认同阶层分布十年变迁的实证分析（2001—2011）》，《黑龙江社会科学》2013年第5期。

谌鸿燕：《代际累积与子代住房资源获得的不平等基于广州的个案分析》，《社会》2017 年第 4 期。

陈欣、程振锋、王国成：《家庭旅游提升国民幸福感的实证研究》，《首都经济贸易大学学报》2020 年第 1 期。

陈永伟、顾佳峰、史宇鹏：《住房财富、信贷约束与城镇家庭教育开支——来自 CFPS2010 数据的证据》，《经济研究》2014 年第 1 期。

陈云松、范晓光：《阶层自我定位、收入不平等和主观流动感知（2003—2013）》，《中国社会科学》2016 年第 12 期。

陈钊、陈杰、刘晓峰：《安得广厦千万间：中国城镇住房体制市场化改革的回顾与展望》，《世界经济文汇》2008 年第 1 期。

邓大松、杨晶：《养老保险、消费差异与农村老年人主观幸福感——基于中国家庭金融调查数据的实证分析》，《中国人口科学》2019 年第 4 期。

董洪杰等：《中国人获得感的结构研究》，《心理学探新》2019 年第 5 期。

杜本峰、黄剑焜：《城市青年住房分层形成机制研究——基于先赋因素和自致因素的分析》，《北京社会科学》2014 年第 9 期。

范雷：《当前中国住房状况与住房不平等》，《山东大学学报》（哲学社会科学版）2016 年第 6 期。

范晓光、吕鹏：《找回代际视角：中国大都市的住房分异》，《武汉大学学报》（哲学社会科学版）2018 年第 6 期。

范一鸣：《家庭背景与青年群体住房资助获得》，《青年研究》2021 年第 2 期。

方长春：《城镇青年住房状况的变动及其影响因素：2003—2013》，《福建论坛·人文社会科学版》2018 年第 12 期。

冯帅帅、罗教讲：《中国居民获得感影响因素研究——基于经济激励、国家供给与个体特质的视角》，《贵州师范大学学报》（社会科学版）2018 年第 3 期。

［美］格·R. 克里普纳：《美国经济的金融化（上）》，丁为民、常

盛、李春红译：《国外理论动态》2008a 年第 6 期。

［美］格·R. 克里普纳：《美国经济的金融化（下）》，丁为民、常盛、李春红译：《国外理论动态》2008b 年第 6 期。

郭于华、常爱书：《生命周期与社会保障——一项对下岗失业工人生命历程的社会学探索》，《中国社会科学》2005 年第 5 期。

何秉孟：《美国金融危机与国际金融垄断资本主义》，《中国社会科学》2010 年第 2 期。

何晓斌、夏凡：《中国体制转型与城镇居民家庭财富分配差距——一个资本转换的视角》，《经济研究》2012 年第 2 期。

洪岩璧、赵延东：《从资本到惯习：中国城市家庭教育模式的阶层分化》，《社会学研究》2014 年第 4 期。

胡荣华、孙计领：《消费能使我们幸福吗》，《统计研究》2015 年第 12 期。

胡薇：《累积的异质性，生命历程视角下的老年人分化》，《社会》2009 年第 2 期。

［美］怀默霆：《中国民众如何看待当前的社会不平等》，《社会学研究》2009 年第 1 期。

黄东霞、吴满意：《思想政治教育获得感：内涵、构成和形成机理》，《思想教育研究》2017 年第 6 期。

黄嘉文：《收入不平等对中国居民幸福感的影响及其机制研究》，《社会》2016 年第 2 期。

黄建宏：《制度转型与住房贫困生成秩序变迁》，《广东行政学院学报》2018a 年第 4 期。

黄建宏：《住房贫困与儿童学业：一个阶层再生产路径》，《社会学评论》2018b 年第 6 期。

黄静、屠梅曾：《房地产财富与消费：来自于家庭微观调查数据的证据》，《管理世界》2009 年第 7 期。

姜正和、张典：《住房负债与中国城镇家庭异质性消费——基于住房财富效应的视角》，《消费经济》2015 年第 3 期。

鞠方、雷雨亮、周建军:《房价波动、收入水平对住房消费的影响——基于 SYS – GMM 估计方法的区域差异分析》,《管理科学学报》2017 年第 2 期。

雷开春:《青年人的阶层地位信心及其影响因素》,《青年研究》2015 年第 4 期。

李爱华等:《城镇居民住房购买力研究》,《管理科学学报》2006 年第 5 期。

李斌:《中国住房改革制度的分割性》,《社会学研究》2002 年第 2 期。

李斌:《城市住房价值结构化:人口迁移的一种筛选机制》,《中国人口科学》2008 年第 4 期。

李斌、王凯:《中国社会分层研究的新视角——城市住房权利的转移》,《探索与争鸣》2010 年第 4 期。

李斌、张贵生:《居住空间与公共服务差异化:城市居民公共服务获得感研究》,《理论学刊》2018 年第 1 期。

李春玲:《当代中国社会的声望分层》,《社会学研究》2005 年第 3 期。

李春玲:《当代中国社会的消费分层》,《中山大学学报》(社会科学版)2007 年第 4 期。

李飞:《客观分层与主观建构:城镇居民阶层认同的影响因素分析——对既往相关研究的梳理与验证》,《青年研究》2013 年第 4 期。

李怀、鲁蓉:《住房空间分化与社会不平等:一个解释框架》,《西北师大学报》(社会科学版)2012 年第 1 期。

李骏:《城市住房阶层的幸福感与公平感差异》,《华中科技大学学报》(社会科学版)2017 年第 1 期。

李路路:《制度转型与分层结构的变迁——阶层相对关系模式的"双重再生产"》,《中国社会科学》2002 年第 6 期。

李路路、石磊:《经济增长与幸福感——解析伊斯特林悖论的形成机制》,《社会学研究》2017 年第 3 期。

李路路、唐丽娜、秦广强:《"患不均,更患不公"——转型期的
　　"公平感"与"冲突感"》,《中国人民大学学报》2012 年第 4 期。

李江一:《"房奴效应"导致居民消费低迷了吗?》,《经济学(季
　　刊)》2017 年第 1 期。

李培林:《社会冲突与阶级意识——当代中国社会矛盾研究》,《社
　　会》2014 年第 1 期。

李培林、张翼:《消费分层:启动经济的一个重要视点》,《中国社
　　会科学》2000 年第 1 期。

李强:《转型时期城市"住房地位群体"》,《江苏社会科学》2009
　　年第 4 期。

李强、邓建伟、晓筝:《社会变迁与个人发展:生命历程研究的范式
　　与方法》,《社会学研究》1999 年第 6 期。

李强、王美琴:《住房体制改革与基于财产的社会分层秩序之建立》,
　　《学术界》2009 年第 4 期。

李涛、陈斌开:《家庭固定资产、财富效应与居民消费:来自中国城
　　镇家庭的经验证据》,《经济研究》2014 年第 3 期。

李涛、史宇鹏、陈斌开:《住房与幸福:幸福经济学视角下的中国城
　　镇居民住房问题》,《经济研究》2011 年第 9 期。

李炜:《中国与韩国社会阶级意识的比较研究》,《社会学研究》
　　2004 年第 5 期。

李煜、朱妍:《微观公平感的形成机制:基于职业群体的双重比较理
　　论》,《华中科技大学学报》(社会科学版)2017 年第 1 期。

梁玉成、杨晓东:《特大城市中产阶层的国家认同研究——基于旅游
　　行为的分析》,《江海学刊》2017 年第 4 期。

林江、周少君、魏万青:《城市房价、住房产权与主观幸福感》,
　　《财贸经济》2012 年第 5 期。

林晓珊:《"购买希望":城镇家庭中的儿童教育消费》,《社会学研
　　究》2018 年第 4 期。

刘精明、李路路：《阶层化：居住空间、生活方式、社会交往与阶层认同——我国城镇社会阶层化问题的实证研究》，《社会学研究》2005 年第 3 期。

刘米娜、杜俊荣：《住房不平等与中国城市居民的主观幸福感——立足于多层次线性模型的分析》，《经济经纬》2013 年第 5 期。

刘升：《房地产的社会阶层固化性》，《河北法学》2014 年第 5 期。

刘欣：《相对剥夺地位与阶层认知》，《社会学研究》2002 年第 1 期。

刘欣：《当前中国社会阶层分化的制度基础》，《社会学研究》2005 年第 5 期。

刘欣、胡安宁：《中国公众的收入公平感：一种新制度主义社会学的解释》，《社会》2016 年第 4 期。

刘守英：《城乡中国的土地问题》，《北京大学学报（哲学社会科学版）》2018 年第 3 期。

刘祖云、毛小平：《中国城市住房分层：基于 2010 年广州市千户问卷调查》，《中国社会科学》2012 年第 2 期。

龙书芹、风笑天：《社会结构、参照群体与新生代农民工的不公平感》，《青年研究》2015 年第 1 期。

芦恒：《房地产与阶层定型化社会 读〈房地产阶级社会〉》，《社会》2014 年第 4 期。

陆学艺：《当代中国十大阶层分析》，《学习与实践》2002 年第 3 期。

骆祚炎：《基于流动性的城镇居民住房资产财富效应分析——兼论房地产市场的平稳发展》，《当代经济科学》2007 年第 4 期。

吕小康、黄妍：《如何测量"获得感"？——以中国社会状况综合调查（CSS）数据为例》，《西北师大学报》（社会科学版）2018 年第 5 期。

金晓彤、韩成、聂盼盼：《新生代农民工缘何进行地位消费？——基于城市认同视角的分析》，《中国农村经济》2017 年第 3 期。

马丹丹：《中产阶层社区的涌现——从中国住房改革的角度梳理》，《社会科学论坛》2015 年第 6 期。

马磊、刘欣：《中国城市居民的分配公平感研究》，《社会学研究》
　　2010年第5期。

马秀莲、韩君实：《中国住房体系的代际和户籍分层及影响机制——
　　基于CHFS2017数据的实证分析》，《社会学研究》2022年第3期。

马永强、麻宝斌：《住房压力和社会公平感对政府信任的影响研究》，
　　《哈尔滨工业大学学报（社会科学版）》2019年第1期。

毛丰付：《住房的政治经济学：国际政治经济学的一个新视界》，
　　《经济学家》2012年第4期。

毛小平：《住房产权、社会和谐与居民幸福感研究》，《统计与决策》
　　2013年第3期。

毛中根、桂河清、洪涛：《住房价格波动对城镇居民消费的影响分
　　析》，《管理科学学报》2017年第4期。

孟天广：《转型期中国公众的分配公平感：结果公平与机会公平》，
　　《社会》2012年第6期。

闵学勤：《空间拜物：城市青年住房消费的仪式化倾向》，《中国青
　　年研究》2011年第1期。

穆峥、谢宇：《生育对父母主观幸福感的影响》，《社会学研究》
　　2014年第6期。

宁文英、吴满意：《思想政治教育获得感：概念、生成与结构分析》，
　　《思想教育研究》2018年第9期。

潘建红、杨利利：《习近平"人民获得感思想"的逻辑与实践指
　　向》，《学习与实践》2018年第2期。

齐卫平：《以获得感、幸福感、安全感满足人民向往美好生活的新时
　　代需要》，《国家治理》2017年第44期。

仇立平：《回到马克思：对中国社会分层研究的反思》，《社会》
　　2006年第4期。

仇立平：《阶级分层：对当代中国社会分层的另一种解读——基于学
　　理层面思考的中国阶级分层》，《上海大学学报》（社会科学版）
　　2007年第2期。

仇立平、肖日葵:《文化资本与社会地位获得——基于上海市的实证研究》,《中国社会科学》2011 年第 6 期。

宋勃:《房地产市场财富效应的理论分析和中国经验的实证检验:1998—2006》,《经济科学》2007 年第 5 期。

宋庆宇、乔天宇:《中国民众主观社会地位的地域差异——基于对CFPS2012 成人问卷数据的"虚拟情境锚定法"分析》,《社会》2017 年第 6 期。

孙秀林、周飞舟:《土地财政与分税制:一个实证解释》,《中国社会科学》2013 年第 4 期。

谭旭运等:《青年人获得感现状及其影响因素》,《中国青年研究》2018 年第 10 期。

谭政勋:《我国住宅业泡沫及其影响居民消费的理论与实证研究》,《经济学家》2010 年第 3 期。

谭政勋、王聪:《中国信贷扩张、房价波动的金融稳定效应研究——动态随机一般均衡模型视角》,《金融研究》2011 年第 8 期。

唐军、谢子龙:《移动互联时代的规训与区分——对健身实践的社会学考察》,《社会学研究》2019 年第 1 期。

田旭明:《"让人民群众有更多获得感"的理论意涵与现实意蕴》,《马克思主义研究》2018 年第 4 期。

唐有财、符平:《获得感、政治信任与农民工的权益表达倾向》,《社会科学》2017 年第 11 期。

王柏杰、何炼成、郭立宏:《房地产价格、财富与居民消费效应——来自中国省际面板数据的证据》,《经济学家》2011 年第 5 期。

王春光、李炜:《当代中国社会阶层的主观性建构和客观实在》,《江苏社会科学》2002 年第 4 期。

王甫勤:《新生代与传统农民工社会公平感的影响因素研究》,《中国人口科学》2016 年第 5 期。

王俊秀、刘晓柳:《现状、变化和相互关系:安全感、获得感与幸福感及其提升路径》,《江苏社会科学》2019 年第 1 期。

王敏：《住房、阶层与幸福感——住房社会效应研究》，《华中科技大学学报》（社会科学版）2019 年第 4 期。

王宁：《旅游、现代性与“好恶交织”——旅游社会学的理论探索》，《社会学研究》1999 年第 6 期。

王宁、张杨波：《住房获得与融资方式》，《广东社会科学》2008 年第 1 期。

王浦劬、季程远：《我国经济发展不平衡与社会稳定之间矛盾的化解机制分析——基于人民纵向获得感的诠释》，《政治学研究》2019 年第 1 期。

王恬、谭远发、付晓珊：《我国居民获得感的测量及其影响因素》，《财经科学》2018 年第 9 期。

王天夫、王丰：《中国城市收入分配中的集团因素：1986—1995》，《社会学研究》2005 年第 3 期。

汪伟、刘志刚、龚飞飞：《高房价对消费结构升级的影响：基于 35 个大中城市的实证研究》，《学术研究》2017 年第 8 期。

王翌秋、管宁宁：《住房信贷会削弱“财富效应”吗？——基于 CFPS 数据对房产财富效应的再检验》，《中南财经政法大学学报》2019 年第 3 期。

王元腾：《参照群体、相对位置与微观分配公平感都市户籍移民与流动人口的比较分析》，《社会》2019 年第 5 期。

王子龙、许箫迪、徐浩然：《房地产市场财富效应理论与实证研究》，《财贸经济》2008 年第 12 期。

魏万青：《职业地位与住房获得：城市住房改革进程中的“差序格局”》，《兰州学刊》2017 年第 3 期。

文宏、刘志鹏：《人民获得感的时序比较——基于中国城乡社会治理数据的实证分析》，《社会科学》2018 年第 3 期。

翁定军：《阶级或阶层意识中的心理因素：公平感和态度倾向》，《社会学研究》2010 年第 1 期。

吴菲：《更富裕是否意味着更幸福？基于横截面时间序列数据的分析

（2003—2013）》，《社会》2016 年第 4 期。

吴开泽：《生命历程视角的城市居民二套房获得》，《社会》2016 年第 1 期。

吴开泽：《房改进程、生命历程与城市住房产权获得（1980—2010 年）》，《社会学研究》2017 年第 5 期。

吴开泽：《住房市场化与住房不平等——基于 CHIP 和 CFPS 数据的研究》，《社会学研究》2019 年第 6 期。

吴开泽、陈琳：《从生命周期到生命历程：中西方住房获得研究回顾和展望》，《城市发展研究》2014 年第 12 期。

吴伟平、章元、刘乃全：《房价与女性劳动参与决策——来自 CHNS 数据的证据》，《经济学动态》2016 年第 11 期。

吴卫星、邵旭方、陶利斌：《家庭财富不平等会自我放大吗？——基于家庭财务杠杆的分析》，《管理世界（月刊）》2016 年第 9 期。

项军：《客观"获得"与主观"获得感"——基于地位获得与社会流动的视角》，《社会发展研究》2019 年第 2 期。

谢佳慧、张良：《住房资产、住房负债与家庭旅游消费》，《旅游科学》2018 年第 6 期。

辛秀芹：《民众获得感"钝化"的成因分析——以马斯洛需求层次理论为视角》，《中共青岛市委党校青岛行政学院学报》2016 年第 4 期。

邢占军：《我国居民收入与幸福感关系的研究》，《社会学研究》2011 年第 1 期。

徐斌：《从"获得感"到"获得感幸福感安全感"的逻辑跃升》，《国家治理》2017 年第 47 期。

徐静、徐永德：《生命历程理论视域下的老年贫困》，《社会学研究》2009 年第 6 期。

颜建晔、张超、祝伟：《房价上涨是否显著增加有房家庭的消费？——基于中国家庭行为的理论与实证分析》，《改革》2019 年第 11 期。

颜色、朱国钟：《"房奴效应"还是"财富效应"？——房价上涨对国民消费影响的一个理论分析》,《管理世界》2013 年第 3 期。

杨城晨、郁姣娇、张海东:《新社会阶层与体制内中产的地位认同差异——基于情境锚定法的一项研究》,《社会学评论》2020 年第 1 期。

杨典、欧阳璇宇:《金融资本主义的崛起及其影响——对资本主义新形态的社会学分析》,《中国社会科学》2018 年第 12 期。

杨发祥、周贤润:《新生代农民工的消费认同——一个社会学的分析框架》,《华东理工大学学报》(社会科学版)2015 年第 6 期。

杨赞、张欢、赵丽清:《中国住房的双重属性:消费和投资的视角》,《经济研究》2014 年第 S1 期。

余华义、王科涵、黄燕芬:《中国住房分类财富效应及其区位异质性——基于 35 个大城市数据的实证研究》,《中国软科学》2017 年第 2 期。

袁浩、陶田田:《互联网使用行为、家庭经济状况与获得感——一项基于上海的实证研究》,《社会发展研究》2019 年第 3 期。

张传勇:《住房差异是否影响了家庭收入不平等?机制、假说与检验》,《南开经济研究》2018 年第 1 期。

张传勇、王丰龙:《住房财富与旅游消费——兼论高房价背景下提升新兴消费可行吗》,《财贸经济》2017 年第 3 期。

张海东:《多维二元结构社会及其转型》,《江海学刊》2018 年第 4 期。

张海东、杨城晨:《住房与城市居民的阶层认同——基于北京、上海、广州的研究》,《社会学研究》2017 年第 5 期。

张海东、杨城晨:《新社会阶层:理论溯源与中国经验》,《福建论坛》(人文社会科学版)2018 年第 6 期。

张海东、姚烨琳:《市场化与市场能力:中国中产阶层的生成机制——以北京、上海、广州为例》,《吉林大学社会科学学报》2016 年第 6 期。

张浩、易行健、周聪:《房产价值变动、城镇居民消费与财富效应异

质性——来自微观家庭调查数据的分析》,《金融研究》2017 年第
8 期。

张文宏、刘琳:《住房问题与阶层认同研究》,《江海学刊》2013 年
第 4 期。

张杨波、吴喜:《西方"住房阶级"理论演变与经验争辩》,《国外
社会科学》2011 年第 2 期。

张翼:《中国城市社会阶层冲突意识研究》,《中国社会科学》2005
年第 4 期。

张翼:《当前中国社会各阶层的消费倾向——从生存性消费到发展性
消费》,《社会学研究》2016 年第 4 期。

赵卫华、郝秋晨:《住房消费、城市级别与农民工的市民身份认同》,
《社会发展研究》2019 年第 4 期。

赵振翔、王亚柯:《"房奴效应"存在吗?——购房行为对我国家庭
消费和储蓄的影响研究》,《华中科技大学学报》(社会科学版)
2019 年第 6 期。

赵晔琴、梁翠玲:《融入与区隔:农民工的住房消费与阶层认同——
基于 CGSS 2010 的数据分析》,《人口与发展》2014 年第 2 期。

郑风田、陈思宇:《获得感是社会发展最优衡量标准——兼评其与幸
福感、包容性发展的区别与联系》,《人民论坛·学术前沿》2017
年第 2 期。

郑杭生:《我国社会阶层结构新变化的几个问题》,《华中师范大学
学报》(人文社会科学版)2004 年第 4 期。

钟晓慧:《"再家庭化":中国城市家庭购房中的代际合作与冲突》,
《公共行政评论》2015 年第 1 期。

周贤润:《从阶级认同到消费认同:农民(工)身份认同的代际转
向》,《中国农业大学学报》(社会科学版)2017 年第 4 期。

祝仲坤、冷晨昕:《住房状况、社会地位与农民工的城市身份认
同——基于社会融合调查数据的实证分析》,《中国农村观察》
2018 年第 1 期。

三　外文

Ansell, B. The Political Economy of Ownership: Housing Markets and the Welfare State ［J］. American Political Science Review, 2014 (06): 200 – 220.

Benjamin J D, Chinloy P, Jud G D. Real estate versus financial wealth in consumption ［J］. The Journal of Real Estate Finance and Economics, 2004, 29 (3): 341 – 354.

Bian, Y. Logan. Market Transition and the Persistence of Power: The Changing Strtification System in Urban China ［J］. American Sociological Review, 1996, 61 (5): 739 – 758.

Bian, Y. and Zhang Y. Marketization and income distribution in urban China, 1988 and 1995 ［J］. Research in Social Stratification and Mobility, 2002, 19: 377 – 415.

Bian Y. Chinese Social Stratification and Social Mobility ［J］. Annual Review of Sociology, 2002, 28: 91 – 116.

Bin D. The politics of financialization in Brazil ［J］. World Review of Political Economy, 2016, 7 (1): 106 – 126.

Blau, Peter M. and Otis Dudley Duncan. The American Occupation Structure ［M］ New York: The Freepress. 1967: 50 – 53.

Boterman W R, Karsten L, Musterd S. Gentrifiers Settling Down? Patterns and Trends of Residential Location of Middle – Class Families in Amsterdam ［J］. Housing studies, 2010, 25 (5): 693 – 714.

Bryan D, Martin R, Rafferty M. Financialization and Marx: Giving labor and capital a financial makeover ［J］. Review of Radical Political Economics, 2009, 41 (4): 458 – 472.

Case K E, Quigley J M, Shiller R J. Comparing wealth effects: the stock market versus the housing market ［J］. Advances in macroeconomics, 2005, 5 (1).

Campbell J Y, Cocco J F. How do house prices affect consumption? Evidence from micro data [J]. Journal of monetary Economics, 2007, 54 (3): 591 –621.

Cao Y, Nee V G. Comment: Controversies and Evidence in the Market Transition Debate [J]. American Journal of Sociology, 2000, 105 (4): 1175 –1189.

Clark A E, Oswald A J. Unhappiness and unemployment [J]. The Economic Journal, 1994, 104 (424): 648 –659.

David, D. S. Housing and Social Change: East – West Perspectives. [M]. New York: Routledge. 2003: 60 –68.

Davis J A. New money, and old man/lady and 'Two's company': Subjective Welfare in the NORC General Social Surveys, 1972 – 1982 [J]. Social indicators research, 1984, 15 (4): 319 –350.

Desilva S, Elmelech Y. Housing Inequality in the United States: Explaining the White – Minority Disparities in Homeownership [J]. Housing studies, 2012, 27 (1): 1 –26.

Diener E, Napa – Scollon C K, Oishi S, et al. Positivity and the construction of life satisfaction judgments: Global happiness is not the sum of its parts [J]. Journal of happiness studies, 2000, 1 (2): 159 –176.

Diener E. Subjective well – being: The science of happiness and a proposal for a national index [J]. American psychologist, 2000, 55 (1): 34.

DiPrete T A, Eirich G M. Cumulative advantage as a mechanism for inequality: A review of theoretical and empirical developments [J]. Annu. Rev. Social. , 2006, 32: 271 –297.

Dvornak N, Kohler M. Housing wealth, stock market wealth and consumption: a panel analysis for Australia [J]. Economic Record, 2007, 83 (261): 117 –130.

Dynan K, Mian A, Pence K M. Is a Household Debt Overhang Holding Back Consumption? with Comments and Discussion [J]. Brookings Papers on Economic Activity, 2012: 299 – 362.

Easterlin R A. Does economic growth improve the human lot? Some empirical evidence [M] Nations and households in economic growth. Academic Press, 1974: 89 – 125.

Easterlin R A, McVey L A, Switek M, et al. The happiness – income paradox revisited [J]. Proceedings of the National Academy of Sciences, 2010, 107 (52): 2463 – 2468.

Edward Nathan Wolff. Changing Inequality of Wealth [J]. American Economic Review, 1992, 82 (2): 552 – 558.

Edelstein R H, Lum S K. House prices, wealth effects, and the Singapore macroeconomy [J]. Journal of Housing Economics, 2004, 13 (4): 342 – 367.

Elliott J W. Wealth and wealth proxies in a permanent income model [J]. The Quarterly Journal of Economics, 1980, 95 (3): 509 – 535.

Elder G H. Time, Human Agency, and Social Change: Perspectives on the Life Course [J]. Social Psychology Quarterly, 1994, 57 (1): 4 – 15.

Epstein G A, Jayadev A. The rise of rentier incomes in OECD countries: financialization, central bank policy and labor solidarity [J]. Financialization and the world economy, 2005, 39: 46 – 74.

Featherman D L, Jones F L, Hauser R M. Assumptions of social mobility research in the U. S. : The case of occupational status [J]. Social Science Research, 1975, 4 (4): 329 – 360.

Filandri M, Olagnero M. Housing Inequality and Social Class in Europe [J]. Housing Studies, 2014, 29 (7): 977 – 993.

Flippen C A. Residential Segregation and Minority Home Ownership [J]. Social Science Research, 2001, 30 (3): 337 – 362.

French S, Leyshon A, Wainwright T. Financializing space, spacing financialization [J]. Progress in human geography, 2011, 35 (6): 798 –

819.

Frey B S, Stutzer A. Happiness research: State and prospects [J]. Review of social economy, 2005, 63 (2): 207 - 228.

Friedman M. Introduction to "A Theory of the Consumption Function" // A theory of the consumption function. Princeton university press, 1957: 1 - 6.

Giddens J, Rao A M. Effect of incubation and contact with soil on microbial and nitrogen changes in poultry manure [J]. Journal of Environmental Quality, 1975, 4 (2): 275 - 278.

Goldthorpe. "Progress in Sociology: The Case of Social Mobility Research." In Analyzing Inequality: Life Chances and Social Mobility in Comparative Perspective (Ch2), [M]. edited By Stefan Sailors. Stanford University Press. 2005: 5 - 10.

Hamnett, Chris. The Geography of Housing Wealth and Inheritance in Britain [J]. The Geographical Journal, 1992, 158 (3): 307.

Helliwell J F, Putnam R D. The social context of well - being [J]. Philosophical Transactions of the Royal Society of London. Series B: Biological Sciences, 2004, 359 (1449): 1435 - 1446.

Henley A. Residential mobility, housing wealth and the labour market [M]. University of Wales, Department of Economics. Aberystwyth, 1996.

Hudson J. Institutional trust and subjective well - being across the EU [J]. Kyklos, 2006, 59 (1): 43 - 62.

Kaufman K R L. Housing and Wealth Inequality: Racial - Ethnic Differences in Home Equity in the United States [J]. Demography, 2004, 41 (3): 585 - 605.

Khalifa S, Seck O, Tobing E. Housing wealth effect: Evidence from threshold estimation [J]. Journal of Housing Economics, 2013, 22 (1): 25 - 35.

King G, Murray C J L, Salomon J A, et al. Enhancing the validity and cross – cultural comparability of measurement in survey research [J]. American political science review, 2004, 98 (1): 191 – 207.

Krippner G R. The financialization of the American economy [J]. Socio – economic review, 2005, 3 (2): 173 – 208.

Lake R W. The financialization of urban policy in the age of Obama [J]. Journal of Urban Affairs, 2015, 37 (1): 75 – 78.

Lefebvre H, Nicholson – Smith D. The production of space [M]. Blackwell: Oxford, 1991.

Levin E J, Pryce G. A regional house price model of excess demand for housing [M]. Royal Institution of Chartered Surveyors: London, UK 2009.

Levin L. Are assets fungible?: Testing the behavioral theory of life – cycle savings [J]. Journal of Economic Behavior & Organization, 1998, 36 (1): 59 – 83.

Lisa A. Keister and Stephanie Moller. Wealth Inequality in the United States [J]. Annual Review of Sociology, 2000, 26: 63 – 81.

Logan, J. R, Bian, Y. Inequalities in Access to Community Resources in a Chinese City [J]. Social Forces, 1993, 72 (2): 555 – 576.

Logan, John & Bian et, al. "Work Units" and the Commodification of Housing: Observations on the Transition to a Market Economy with Chinese Characteristics [J]. Chinese Social Science, 1997, 21 (4): 28 – 35.

Lovenheim M. Housing Wealth and Higher Education: Building a Foundation for Economic Mobility [J]. Economic Mobility Project, 2011 (12): 60 – 85.

Lucarelli D B. Financialization and global imbalances: prelude to crisis [J]. Review of Radical Political Economics, 2012, 44 (4): 429 – 447.

Mary Jackman & Robert Jackman. An Interpretation of the relation between Objective and Subjective Social status [J]. American Sociological Review, 1973 (03): 13 – 27.

McDowell, M L. The new service class: housing, consumption, and lifestyle among London bankers in the 1990s [J]. Environment and Planning A, 1997, 29 (11): 2061 – 2078.

Mehra Y P. The wealth effect in empirical life – cycle aggregate consumption equations [J]. FRB Richmond Economic Quarterly, 2001, 87 (2): 45 – 68.

Merton R K. The Matthew effect in science: The reward and communication systems of science are considered [J]. Science, 1968, 159 (3810): 56 – 63.

Modigliani F, Brumberg R. Utility analysis and the consumption function: An interpretation of cross – section data [J]. Franco Modigliani, 1954, 1 (1): 388 – 436.

Moller K S. Wealth Inequality in the United States [J]. Annual Review of Sociology, 2000, 26: 63 – 81.

Muellbauer J, Murphy A. Housing markets and the economy: the assessment [J]. Oxford review of economic policy, 2008, 24 (1): 1 – 33.

Nee V. A Theory of Market Transition: From Redistribution to Markets in State Socialism [J]. 1989, 54 (5): 663 – 681.

Nee, Victor. The Emergence of a Market Society: Changing Mechanisms of Stratification in China [J]. American Journal of Sociology, 1996, 101 (4): 908 – 949.

Orhangazi È. Financialization and the US Economy [M]. Edward Elgar Publishing, 2008.

Pattillo M. Housing: Commodity versus right [J]. Annual Review of Sociology, 2013, 39: 509 – 531.

Paul Fussell. Class: A Guide Through the American Status System [M].

Touchstone, 1983.

Peltonen T A, Sousa R M, Vansteenkiste I S. Wealth effects in emerging market economies [J]. International Review of Economics & Finance, 2012, 24: 155 – 166.

Phang S Y. House prices and aggregate consumption: do they move together? Evidence from Singapore [J]. Journal of Housing Economics, 2004, 13 (2): 101 – 119.

Rex J & Moore R. Race, Community and Conflict [M]. Oxford University Press, 1967.

Saunders P. Beyond housing classes: the sociological significance of private property rights in means of consumption [J]. International Journal of Urban and Regional Research, 1984 (09) .

Schwartz H. M. & L. Swabrook. Conclusion: Residential capitalism and the international political economy. In H. M. Schwartz and L. Seabrooke (eds.), The politics of housing booms and busts [M]. Basingstoke: Palgrave Macmillan, 2009.

Shukui Tan, Siliang Wang, Conghui Cheng. Change of Housing Inequality in Urban China and Its Decomposition: 1989 – 2011 [J]. Social Indicators Research, 2016.

Song X, Xie Y. Market Transition Theory Revisited: Changing Regimes of Housing Inequality in China, 1988 – 2002 [J]. Sociological Science, 2017, 1: 277 – 291.

Stevenson B, Wolfers J. Economic growth and subjective well – being: Reassessing the Easterlin paradox [R]. National Bureau of Economic Research, 2008.

Stockhammer E. Financialization, income distribution and the crisis [M]. Financial crisis, labour markets and institutions. Routledge, 2013: 116 – 138.

Stuart J M, Segal E, Koller D, et al. A gene – coexpression network for global discovery of conserved genetic modules [J]. science, 2003, 302 (5643): 249 – 255.

Szelenyi Ivan. Urban Inequalities Under State Socialism [M]. New York: Oxford University Press, 1983: 3 – 10.

Thompson S K. Adaptive cluster sampling based on order statistics [J]. Econometrica: 1998 (2): 123 – 133.

Thompson, E. P. The Making of the English Working Class. London: Victor Gollancz Ltd. 1963: 12 – 14.

Thomson M, Tang K K. An Empirical Assessment of House Price Adjustments on Aggregate Consumption [J]. 2004.

T. McAllister. Possible heterocyclic ions in the reaction zones of flames with added nitrogen or sulfur [J]. Australian Journal of Chemistry, 1984, 37 (3): 511 – 516.

Tobin J. Estimation of relationships for limited dependent variables [J]. Econometrica: journal of the Econometric Society, 1958: 24 – 36.

Tracy J S, Schneider H S, Chan S. Are stocks overtaking real estate in household portfolios? [J]. Current Issues in Economics and Finance, 1999, 5 (5) .

Tsou M W, Liu J T. Happiness and domain satisfaction in Taiwan [J]. Journal of Happiness Studies, 2001, 2 (3): 269 – 288.

Van Arnum B M, Naples M I. Financialization and Income Inequality in the United States, 1967 – 2010 [J]. American Journal of Economics and Sociology, 2013, 72 (5): 1158 – 1182.

Vercelli A. Financialization in a long – run perspective: an evolutionary approach [J]. International Journal of Political Economy, 2013, 42 (4): 19 – 46.

Veenhoven R. Is happiness relative? [J]. Social indicators research, 1991, 24 (1): 1 – 34.

Walder A G. Property Rights and Stratification in Socialist Redistributive

Economies [J]. American Sociological Review, 1992, 57 (4): 524 –539.

Walder, A G. & X. He. Public housing into private assets: Wealth creation in urban China [J]. Social Science Research, 2014 (46): 85 –99.

Walks A. From Financialization to Sociospatial Polarization of the City? Evidence from Canada [J]. Economic Geography, 2014, 90 (1): 33 – 66.

Wang Y P. Social and Spatial Implications of Housing Reform in China [J]. International Journal of Urban and Regional Research, 2000, 24 (2): 397 –417.

Wang, Y. , Murie, Alan. The New Affordable and Social Housing Provision System in China: Implications for Comparative Housing Studies [J]. International Journal of Housing Policy, 11 (3): 237 – 254.

Watt P. Housing Histories and Fragmented Middle – class Careers: The Case of Marginal Professionals in London Council Housing [J]. Housing studies, 2005, 20 (3): 359 –381.

Wilson W R. Correlates of avowed happiness [J]. Psychological bulletin, 1967, 67 (4): 294.

Wright, Erik Olin. The Continuing Relevance of Class Analysis [J]. Theory and Society, 1996, 25 (5): 697 –716.

Wu, Xiaogang. Inequality and Social Stratification in Postsocialist China [J]. The Annual Review of Sociology, 2009, 45 (4): 363 –382.

Zapata G P. The migration – development nexus: Rendering migrants as transnational financial subjects through housing [J]. Geoforum, 2013, 47: 93 – 102.

Zhao Wei & Jianhua Ge. Dual institutional structure and housing inequality in transitional urban China [J]. Research in Social Stratification and Mobility, 2014 (37): 23 –41.

Zhao Wei & Xueguang Zhou. From institutional segmentation to market fragmentation：Institutional transformation and the shifting stratification order in urban China ［J］. Social Science Research，2016（01）：1 – 17.

索　引

后　记

　　本书是在我的博士学位论文《住房财富、财富效应与获得感——特大城市社会不平等的新面向》的基础上修改完善而成的。在修改完成书稿的那一刻，我的脑海中便浮现出我在这十余年间学习、生活和工作的点点滴滴。从美丽的狮子山下南湖畔的华中农业大学四年的本科学习生涯给我打下了坚实的学科基础，到上海大学畔池边聆听诸多甘为人梯的老师对我的谆谆教导，再到进入华政园走向那神圣光荣的三尺讲台，在这一过程中我也从一个懵懂的青春少年成长为一名责任在肩、使命光荣的青年教师和社会科学工作者。此时此刻，感激和依恋，展望和期待，种种复杂的心情不禁涌上我的心头。

　　在这里，我首先也是最需要感谢的，就是我的导师张海东教授。承蒙老师厚爱，硕士入学时就有幸进入"海军"师门。由于海东老师那时承担了较多的科研项目，我也有幸能够深入调查的第一线，从实践中体会和感知了诸多朴素的社会学原理。同时，海东老师在工作百忙之余还坚持主办师门读书会，在与老师和师兄师姐的学术探讨、思维碰撞中，我的学术能力和批判精神也得到了相应的提高。在进入博士阶段的学习中，海东老师从增进我的学术能力角度出发，安排我参与多项重大和重点项目，并督促我撰写高水平的论文，并经常放弃自身的休息时间与我交流并修改，他对大方向上深刻的洞见往往能给我无尽的启发。在老师的帮助下，我在高水平期刊发表了数篇论文，开启了我的学术道路。

同时我的学位论文从选题、研究方案的设计到最后论文的写作和定稿，以及在申报国家社科基金优秀博士论文出版项目过程中对本书修改方向的指导和把握，也无不凝聚着导师的心血。海东老师朴实的为人、平易近人的作风、深厚的学术功底和严谨的治学态度让我受益匪浅。在此谨向张海东教授致以崇高的敬意和衷心的感谢，祝福海东老师身体健康、工作顺利、桃李满天下。同时，我也要感谢张文宏教授六年来在课程讲授、论文指导方面对我的帮助，以及复旦大学周怡教授、中山大学梁玉成教授、上海大学仇立平教授、甄志宏教授在预答辩和最终答辩过程中对学位论文中肯的批评意见和富有建设性的修改建议，为本书的形成奠定了十分重要的基础。

由于工作岗位的原因，从身边的同事以及自己平常浏览的相关网页等得到的信息都在诉说着一个事实：高校"青椒"的获得感很低，其中有一部分可能来自家庭和住房的原因，而另一部分则是由于青年教师承担着来自科研和教学等多方面的压力。在这里，要特别感谢国家社科基金优秀博士论文出版项目的支持，为包括我在内的青年学者提供了一个展现自我的平台；感谢五位匿名评审专家的肯定以及对本书后续完善修改所提出建设性意见，感谢工作单位的领导和同事的指导和鼓励，感谢中国社会科学出版社范晨星编辑和其他工作人员为本书的出版所付出的辛勤劳动。可以说，没有你们，就没有本书从博士论文到我第一本专著这一"华丽的转变"。

当今世界面临百年未有之大变局，我们所生活的社会环境、社会秩序，我们所构建的社会关系、社会群体等都在发生着前所未有的巨变，这些变动正是给包括社会学在内的哲学社会科学提供了认识新世界、形成新理论、解决新问题的广阔舞台。百尺竿头，更进一步，我也想借本书的出版，勉励自己将"放眼世界、胸怀祖国、心系社会、志在富民"的上海大学社会学院精神牢记在心，站好讲台、潜心科研，不断探索中国社会发展过程中出现的"真问题",用自己的研究去探索和回应"中国之问、世界之问、人民之问、时代之问",为中国社会学的学科建设贡献属于自己的一份绵薄之力！

杨城晨于华东政法大学

2022 年 8 月